LA INTELIGENCIA
DEL CORAZÓN

Doc Childre, Howard Martin,
Deborah Rozman y Rollin McCraty

LA INTELIGENCIA
DEL CORAZÓN

Cómo conectar
con la intuición del corazón

EDICIONES OBELISCO

Si este libro le ha interesado y desea que le mantengamos informado de nuestras publicaciones, escríbanos indicándonos qué temas son de su interés (Astrología, Autoayuda, Ciencias Ocultas, Artes Marciales, Naturismo, Espiritualidad, Tradición…) y gustosamente le complaceremos.

Puede consultar nuestro catálogo en www.edicionesobelisco.com

Colección Espiritualidad y Vida interior
La inteligencia del corazón
Doc Childre, Howard Martin, Deborah Rozman y Rollin McCraty

1.ª edición: noviembre de 2017

Título original: *Heart Intelligence*

Traducción: *Alex Arrese*
Maquetación: *Natàlia Campillo*
Corrección: *M.ª Jesús Rodríguez*
Diseño de cubierta: *Enrique Iborra*

© 2016, Doc Childre, Howard Martin, Deborah Rozman y Rollin McCraty
Original en lengua inglesa publicado por Waterfront Publishing
HearthMath, Quick Coherence, emWave y Heart Intelligence
son marcas registradas de Quantum Intech, Inc.
Inner Balance es una marca de Quantum Intech, Inc.
Heart Lock-In, Freeze Frame y Freeze-Framer son marcas registradas de Institute of HeartMath.
TestEdge es marca registrada de Heart-Match LLC.
Iphone, Ipod Touch y Ipad son marcas registradas de Apple Inc.
(Reservados todos los derechos)
© 2017, Ediciones Obelisco, S. L.
(Reservados los derechos para la presente edición)

Edita: Ediciones Obelisco, S. L.
Collita, 23-25. Pol. Ind. Molí de la Bastida
08191 Rubí - Barcelona - España
Tel. 93 309 85 25 - Fax 93 309 85 23
E-mail: info@edicionesobelisco.com

ISBN: 978-84-9111-282-2
Depósito Legal: B-22.665-2017

Printed in Spain

Impreso en España en los talleres gráficos de Romanyà/Valls, S. A.
Verdaguer, 1 - 08786 Capellades (Barcelona)

Dedicatoria

Dedicamos este libro a esa cada vez mayor cantidad de personas que desean conectar más profundamente con el corazón. En HeartMath consideramos que nuestra misión consiste en ayudar a las personas a sintonizar, de forma coherente, sus sistemas físico, mental y emocional con el sistema de orientación inteligente que aporta el corazón. Desde hace miles de años, los escritos y las enseñanzas hacen referencia a esa voz o a esa fuerza del corazón que nos indica el camino a seguir, la cual, si conseguimos descifrarla, nos ayudará a mantener el rumbo en estos tiempos tan cambiantes, al tiempo que conservamos el equilibrio, la coherencia y la conexión emocional con los demás. La misma voz puede servir para que la energía de separación de la humanidad se transforme en energía de cooperación y, así, obtengamos mejores soluciones para los problemas a los que hoy todos nos enfrentamos a nivel global. Estamos convencidos de que al lograr que la mente y el corazón se compenetren, además de desarrollar nuestra amabilidad, compasión y capacidad de amar, podremos establecer unas nuevas bases para crear un mundo tal y como queremos que sea. El propósito de nuestras investigaciones y herramientas consiste en simplificar dicho proceso de cooperación con otras personas de semejantes tendencias emocionales que constituyan piezas importantes en el rompecabezas de nuestra vida.

CAPÍTULO 1

ES EL MOMENTO DEL CORAZÓN

por Howard Martin

La mayoría de nosotros tenemos, desde hace tiempo, la sensación de que nuestra vida se acelera cada vez más. Pero ahora va más rápido que nunca –más cosas que hacer en menos tiempo, y cada vez hay más cosas que tiran de nosotros en distintas direcciones–. Con frecuencia nos sentimos inexorablemente bombardeados por las comunicaciones de «alta velocidad», así como por un exceso de información. Es como si todas estas nuevas tecnologías que se han diseñado para que todo funcione más rápido también nos aceleraran por dentro y, a menudo, nos cuesta seguirles el ritmo. Hay una palabra que describe cómo nos sentimos muchos: «abrumados».

Sin embargo, hay otra tendencia que está tomando fuerza y es que son muchas las personas que, con sus distintos orígenes, culturas y profesiones, se sienten impulsadas a realizar cambios positivos tanto en sí mismas como en el mundo. Se sienten estimuladas, o casi instigadas, por su intuición para descubrir nuevas posibilidades. Sienten deseos de crecer interiormente. Gracias a las conferencias que doy por todo el mundo, conozco a personas que ya están dando una respuesta a dichas inquietudes y consiguiendo cambios de extrema elegancia y belleza porque actúan siguiendo sus propias revelaciones internas, realizan cambios en sus creencias y valores, superan viejas estructuras, aceptan y acogen los cambios, y se esfuerzan asimismo por mejorar las cosas a nivel global.

Nuestra percepción de que la vida se complica cada vez más es un reflejo de la velocidad a la que está cambiando. La vida, la cual nos incluye a todos, nunca ha dejado de evolucionar, lo que ocurre es que ahora lo hace muy deprisa y en un momento de la historia único y de gran importancia. Mientras que caen los viejos sistemas, otros nuevos intentan emerger, y son muchas las sociedades y los gobiernos que están experimentando una transformación vertiginosa y, a menudo, caótica. Da la sensación de que, para evolucionar en esta época, es imperativo que los cambios y el crecimiento se sucedan con una rapidez cada vez mayor. Uno de los aspectos más importantes de dichos cambios actuales es la emergencia de una conciencia más centrada en el corazón, de una «inteligencia del corazón». Conseguir acceder a dicha inteligencia constituye la clave para mantener el control de la velocidad a la que se realizan dichos cambios tanto a nivel personal como planetario, al tiempo que conseguimos tener una vida cada vez más plena.

En este libro nos dedicaremos a explorar esa inteligencia del corazón: en qué consiste, qué investigaciones científicas se han realizado al respecto, cómo podemos desarrollarla y qué puede suceder a medida que aumente la cantidad de personas en las que se despierte esta poderosa fuente de recursos que todos tenemos dentro.

En los talleres que imparto, la gente suele comentar lo difícil que les resulta asimilar tantos cambios en tan poco tiempo. Asimismo, suelen compartir una profunda sensación de que constituyen el preludio de un mundo nuevo y muy distinto, conscientes de que es algo que tenemos que lograr entre todos. Me suelen preguntar cosas como: ¿cómo podemos crecer tanto a nivel individual como colectivo y conseguir un mundo mejor?, ¿cómo podemos asimilar tantos cambios sin desequilibrarnos a nivel personal?, ¿cómo podemos aprovecharnos de este impulso del cambio para tener una vida más plena?, ¿cómo encontrar solución a problemas que no parecen tenerla?, ¿qué puedo hacer yo o qué podemos hacer entre todos? Después de llevar más de cuarenta años dedicado a mi propio desarrollo personal, me doy cuenta de que las respuestas que propongo a este tipo de preguntas provienen del fondo de mi corazón y de que no son especulaciones mentales.

Me considero afortunado. De joven, me di cuenta de que el crecimiento continuo era la esencia de la vida y sentí que tenía que dedicar la mía a servir a los demás de alguna u otra manera. Pero, aunque por un lado fue maravilloso tener este tipo de revelación, también me resultó algo desconcertante. Yo era extremadamente ambicioso, engreído y propenso a chocar con los escollos que a la mayoría nos surgen a medida que maduramos. Me pregunté qué podría hacer para mantenerme fiel a mi deseo de crecer interiormente, cómo cambiar todo lo que sabía que tenía que cambiar sin dormirme en los laureles. Me planteé cómo vencer mis resistencias, superar mi vanidad y egocentrismo, además de cómo superar las pruebas de crecimiento que la vida puede plantearnos al intentar encontrar maneras prácticas y significativas de ayudar a los demás.

A medida que recorría el camino con amistades y siguiendo los dictados de la vida, comencé a darme cuenta de que, para avanzar, debía desarrollar voluntariamente ciertas cualidades que surgían de lo que yo consideraba «el corazón», tales como el cariño y la compasión, así como sustituir mis prejuicios por una mayor amabilidad. Los impulsos de mi corazón dieron nacimiento a un deseo genuino de empoderarme y descubrir maneras de vivir que me aportaran más equilibrio, amor y plenitud. Con el tiempo, dichos impulsos me llevaron a trabajar con Doc Childre y con otras personas para desarrollar el sistema HeartMath que Doc estaba creando.

HeartMath ha alcanzado un nivel de desarrollo y crecimiento que supera sobremanera todo lo que yo me hubiera podido imaginar cuando comenzamos con este proyecto. Incluso el mero hecho de darme cuenta de esto es algo que siempre agradeceré porque es una confirmación de que la vida puede superar cualquier expectativa si escucho y sigo los dictados de mi corazón. La práctica de desarrollar inteligencia de mi corazón es lo que sigue motivándome para mantenerme fiel a mis compromisos y lo que me ha llevado a una posición desde la que puedo ayudar a que los demás también lo consigan.

Básicamente, HeartMath es un sistema para despertar y desarrollar la inteligencia del corazón que incluye una serie de herramientas enfocadas en dicho centro que empoderan a las personas, las conectan con la facultad orientativa de la intuición de su corazón y destapan el potencial de lo que realmente son. Para poner el sistema de HeartMath al alcance de los demás utilizamos libros, tecnologías y talleres de formación que proporcionamos a los miles de individuos interesados en el desarrollo personal, en cuidar de su salud o en mejorar su nivel de rendimiento. HeartMath trabaja con empresas del Fortune 500, con los sistemas de seguridad social y de servicios sociales, tales como instituciones del sector educativo, así como con las fuerzas armadas y fuerzas de seguridad de los Estados. Ya son millones de personas las que se han visto beneficiadas de este proceso, de las cuales hemos aprendido mucho, pero no sólo de ellas sino también de nosotros mismos. Parte de dichos conocimientos es lo que vamos a compartir en estas páginas.

Como veremos en los siguientes capítulos, en HeartMath la ciencia desempeña desde el principio un papel primordial. Antes de fundar oficialmente dicha entidad, Doc ya se había dado cuenta de que, si queríamos ofrecer un sistema que se llamara «inteligencia del corazón», necesitábamos establecer puentes entre la perspectiva filosófica y espiritual del corazón, y sus aplicaciones prácticas en la vida diaria, por lo que optó por la ciencia como uno de los pilares sobre los que construir dichos puentes.

Cuando la ciencia nos ayuda a comprender alguna cosa mejor, nos la creemos y la utilizamos con más interés. Aunque muchas personas quieren creer y fiarse del corazón, por lo general, les cuesta distinguir entre lo que éste les dice y sus propios condicionamientos mentales o emocionales. Si la ciencia pudiera aportar nuevos conocimientos sobre el corazón, las emociones y la mente, a mucha gente le resultaría más fácil aceptar y llevar a la práctica lo que, de forma intuitiva, ya saben y sienten.

1. Es el momento del corazón

Desde que se inauguró a principios de los años noventa, el Centro de Investigaciones HeartMath ha ayudado a que muchas personas comprendan que el corazón desempeña un papel más amplio que el de simplemente bombear sangre por el cuerpo. En los siguientes capítulos descubriremos que el corazón también constituye un importante centro de procesamiento de información, la cual él distribuye por todo el cuerpo, y que puede ejercer asimismo una gran influencia en el cerebro. En el laboratorio, cuando nuestros investigadores comenzaron a observar las conexiones entre el estado emocional, el corazón y el cerebro, descubrieron que un parámetro llamado «variabilidad de la frecuencia cardíaca» (VFC) no sólo reflejaba el estado emocional de los individuos sino que, al analizarlo, se abría una puerta de incomparable valor para comprender cómo se interconectaban el corazón, el cerebro y las emociones.[1] Con el paso de los años, el laboratorio de HeartMath se ha convertido en uno de los referentes de la investigación en este campo.

Las investigaciones sobre la VFC nos permitieron refinar las técnicas para mejorar la comunicación entre el cerebro y el corazón, así como para autogenerar un estado físico y emocional extremadamente beneficioso llamado «coherencia fisiológica» o, más simplemente, «coherencia del corazón». Descubrimos que dicho estado se activaba mediante sentimientos positivos de amor, interés por los demás, cariño y otras emociones positivas tradicionalmente asociadas con el «corazón». Este importante hallazgo sobre el vínculo entre las emociones y el ritmo cardíaco se publicó en el *American Journal of Cardiology* en 1995 así como, más adelante, en otras revistas científicas de esa misma especialidad.[2] Subsiguientes estudios sobre cómo activar la coherencia del corazón en las personas nos llevaron a desarrollar nuestra tecnología de VFC (empezando con

---

1. McCraty, R., Atkinson, M., Tomasino, D., & Bradley, R. T. «The coherent heart: Heart-brain interactions, psychophysiological coherence, and the emergence of system-wide order». *Integral Review*, 2009, 5(2): 10-115.

2. McCraty, R., *et al.*, The effects of emotions on short-term power spectrum analysis of heart rate variability. *Am J Cardiol*, 1995, 76(14): 1089-1093.

el Freeze-Framer®, seguido del emWave® y el Inner Balance™ Trainer), aparatos que ya se utilizan en más de cien países para que el individuo desarrolle por sí mismo sus destrezas de autorregulación emocional y autoempoderamiento.

Las ciencias sociales también desempeñaron un papel importante en nuestras investigaciones. Establecimos unos protocolos de pre y postevaluación con el fin de establecer el grado de efectividad de nuestros programas en entidades y centros sanitarios y educativos. Cuando el personal de dichas empresas practicaba los métodos de HeartMath, se observó que, entre otros parámetros de rendimiento, destacaban los resultados que se obtenían en la reducción del nivel de estrés, la mejora de la salud, la reducción de los gastos médicos, los mejores resultados en los exámenes, así como una mayor capacidad de mantenerse en un estado de positividad emocional.

El incremento de la coherencia del corazón también se traduce en una mayor conexión entre las personas. Los investigadores registraron una serie de casos en los que cuando una madre sentía amor por su bebé sus ondas cerebrales se sincronizaban con el ritmo cardíaco de éste, al igual que también se sincronizaban los ritmos cardíacos de parejas felices al dormir juntos.[3]

Asimismo descubrieron que cuando se produce un aumento de coherencia del corazón a nivel fisiológico entre los miembros de un equipo se incrementa la sincronización y el rendimiento –una especie de coherencia grupal.

Cualquiera que haya visto a un equipo en una competición deportiva o haya asistido a un concierto excepcional sabe que en ese grupo de personas sucede algo especial que transciende los niveles normales de rendimiento. Es como si los jugadores estuvieran sincronizados y consiguieran comunicarse a un nivel invisible de energía. Muchos equipos deportivos, entre los que se encuentran los

3. McCraty, R., «The Energetic Heart: Bioelectromagnetic Communication Within and Between People», en *Bioelectromagnetic Medicine*, P. J. Rosch y M. S. Markov, eds. 2004, Marcel Dekker: Nueva York, pp. 541-562.

olímpicos y los profesionales, saben muy bien la importancia que tiene dicha coherencia para el grupo. Tanto si lo llaman «espíritu de equipo» como «unión», todos saben instintivamente que existe una «energía de grupo» palpable que repercute positivamente en su rendimiento. En los equipos de élite se valora altamente la cohesión del equipo, hasta el punto de que el entrenador o capitán siempre se involucra personalmente para resolver cualquier conflicto o desavenencia entre los componentes del grupo, con el fin de evitar que dicha energía de equipo se vea afectada negativamente. Son bien conscientes de que un desacuerdo o un conflicto en el seno del grupo puede afectar negativamente al equipo en su conjunto, de la misma forma que saben que, para que surja dicha coherencia grupal, los componentes tienen que conectar con la energía del corazón.

Curt Cronin, excomandante CDR (SEAL) del sexto equipo de los Navy Seals, junto con su socio Dr. Jay Ferraro, Ph.D, ambos preparadores titulados del método HeartMath, preparan a jugadores y equipos de la liga nacional de fútbol americano mediante las técnicas de HeartMath con la tecnología emWave HRV para enseñarles a conectar con la energía del corazón y monitorizarles las pulsaciones con el fin de desarrollar la coherencia grupal. A continuación incluimos un caso que ilustra a la perfección lo que puede suceder cuando se alcanza un alto nivel de coherencia grupal. Es un extracto del libro *Second Wind: The Memoirs of an Opinionated Man* escrito por Bill Russell, una leyenda del baloncesto americano:

> De vez en cuando, sucedía que un partido se caldeaba hasta tal punto que acababa convirtiéndose en algo más que un juego meramente físico o incluso mental. Era algo mágico. Es una sensación difícil de describir y de la que, desde luego, nunca hablé cuando era jugador pero que, cuando se producía, sentía claramente que yo jugaba desde un nivel del todo distinto. No es que sucediera a menudo y podía durar desde cinco minutos hasta todo un cuarto del partido, o incluso más. Se necesitaban más de tres o cuatro jugadas para que se produjera, y era algo que no sólo me pasaba a mí

y a mis compañeros de los Celtics, sino que abarcaba también a los jugadores del equipo contrario e incluso a los árbitros.

En ese nivel tan especial pasaban cosas rarísimas. Por ejemplo, aunque pareciera que el partido en un momento dado echara chispas, por alguna razón yo no sentía la tensión de la competición, lo cual ya es todo un milagro por sí mismo. Aunque estuviera esforzándome al máximo, dándolo todo y con ataques de tos al correr, no sentía molestia alguna. El juego se desarrollaba tan rápidamente que todos los cortes, fintas y pases salían sorprendentemente perfectos aunque, al mismo tiempo, nada de todo eso me pareciera sorprendente. Es como si jugáramos a cámara lenta. En esa especie de embelesamiento casi intuía cuál iba a ser la siguiente jugada y desde dónde se iba a hacer el siguiente lanzamiento. Incluso antes de que el otro equipo se acercara botando la pelota, yo lo sentía con tal claridad que me entraban ganas de gritarles a mis compañeros: «¡Que van a atacar por ahí!», sólo que yo sabía que, si se lo decía, todo cambiaría. Pero no me fallaban nunca esas premoniciones y en esos momentos siempre sentía que no sólo conocía a los Celtics como la palma de la mano, sino también al equipo contrario, y que asimismo todos ellos me conocían a mí. Aunque en mi vida de baloncestista he tenido muchos momentos de emoción o de alegría, sólo fue en estas raras ocasiones cuando me entraban repeluznos.

Las cinco o diez veces que alcanzamos ese nivel tan especial al terminar el partido, me daba literalmente igual quién hubiera ganado. Si habíamos perdido, seguía sintiéndome tan arriba y tan libre como un águila.

A la mayoría nos ha pasado alguna vez que hemos entrado en una habitación y nos hemos sentido de inmediato exultantes a causa de las vibraciones positivas de las personas que estaban presentes, de la misma manera que, en otras ocasiones, hemos entrado en un sitio y hemos notado que algo se mascaba en el ambiente a pesar de que, aparentemente, todos los presentes se mostraban cordiales.

Lo que sentimos en esos momentos es una especie de biocomunicación de corazón a corazón, o de transferencia de energía y, para investigarlo, HeartMath se planteó detectar dicha biocomunicación de corazón a corazón entre una persona y su mascota.[4] Para ello se monitorizó a Josh, un niño de doce años, y a Mabel, su perro, instalándoles a cada uno una grabadora portátil de VFC. Una vez sincronizados ambos dispositivos, colocamos a Mabel en uno de nuestros laboratorios. Entonces, Josh entró en la sala, se sentó a poca distancia de su perro y empezó a irradiarle voluntariamente amor. En el gráfico siguiente podemos observar cómo se sincronizaron los ritmos cardíacos de ambos cuando Josh empezó a enviarle amor a su perro de forma voluntaria. Se produjo una transmisión de energía a través de la conexión emocional y el gráfico refleja fielmente la conexión y el amor que se manifestaron entre sí en ese momento.

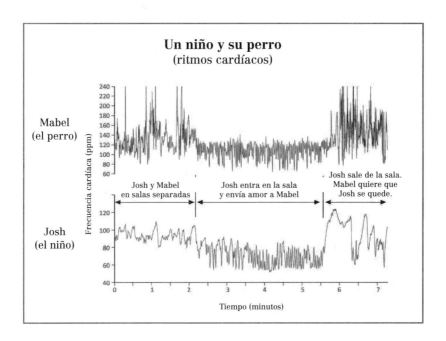

4. McCraty, R., «The Energetic Heart: Biomagnetic Communication Within and Between People», en *Bioelectromagnetic and Subtle Energy Medicine*, 2.ª ed., P. J. Rosch, ed., 2015.

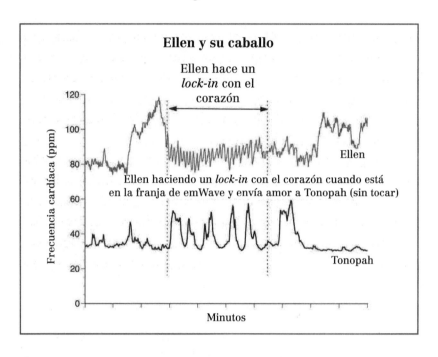

Al realizar un experimento semejante con una mujer llamada Ellen y su caballo Tonopah, el laboratorio observó el mismo incremento de coherencia entre ambos mientras Ellen practicaba la técnica de HeartMath denominada Heart Lock-In® y enviaba amor a Tonopah (*véase* gráfico arriba) desde dentro del picadero. También en este caso Ellen y su caballo habían establecido una conexión de forma invisible.

Cuando enseño estas diapositivas en mis presentaciones, hay personas a las que se les saltan un poco las lágrimas porque les toca alguna fibra profunda en el corazón. Lo sé porque a mí me pasó la primera vez que vi dichos gráficos. Gracias a esta investigación podemos observar que, cuando la gente practica la coherencia cardíaca, se genera un campo energético que facilita que los demás se conecten también con el corazón y se cree una coherencia social.

En la actualidad gran parte de nuestras investigaciones se concentran en la ciencia de la interconectividad, con el propósito de facilitar una mayor interconexión en el mundo a nivel de corazón así como de explorar el potencial de la coherencia global. Dado que es un hecho bien documentado que tanto a los animales como a los seres humanos nos afectan los cambios en el campo magnético (energético) terrestre, nuestro equipo de investigación está realizando pruebas sobre la hipótesis de que la humanidad interactúa, activamente, con dicho campo magnético.

De momento, nuestros estudios han descubierto que la variabilidad de la frecuencia cardíaca o los ritmos cardíacos de los habitantes de distintas zonas del planeta se sincronizan efectivamente a lo largo de períodos de treinta días, lo cual es indicativo de que la humanidad está sincronizada con ciertos ritmos del campo magnético. (En capítulos posteriores nos ocuparemos de los interesantes estudios sobre la coherencia global y social).

La emergencia de la conciencia del corazón

La emergencia de una nueva conciencia del corazón va mucho más allá de lo que la ciencia en general o la de HeartMath en particular pueda haber descubierto hasta el momento. Es algo que se palpa en el ambiente. Cada vez aparecen más conferenciantes, artículos, libros y programas que hablan del corazón. En el mundo empresarial se habla cada vez más de la importancia del corazón tanto para los cargos ejecutivos como para la atención al cliente. Cuando la gente dice que habla desde el corazón, que le hace caso al corazón, que conecta con el corazón o que sigue los dictados de su corazón, todo eso es claramente indicativo de que está en aumento la conciencia energética de la importancia del corazón en las decisiones que tomamos en nuestra vida.

Cada vez me encuentro con más referencias al corazón y a las cualidades asociadas a él en campos en los que jamás me lo habría imaginado, como, por ejemplo, en la publicidad y en el mundo de la empresa. Independientemente de si es porque lo que les motiva es incrementar sus ventas, los anunciantes utilizan más abiertamente frases e imágenes relacionadas con el corazón y con mensajes sobre el amor, la atención por los demás y la compasión. Movimientos como el Purpose Driven Marketing (*marketing* orientado a un propósito) y Conscious Capitalism (capitalismo consciente) son ejemplos de corrientes basadas en el corazón que están cambiando las técnicas comerciales.

Una nueva interpretación del «corazón», que va más allá de su caracterización meramente filosófica y con frecuencia melosa, está cada vez más cerca de comprender que el corazón es una inteligencia dinámica, conectiva y creativa. Al interconectar y alinear de forma coherente los aspectos físico, emocional, intuitivo y espiritual del corazón, se puede desarrollar una nueva forma de percibir, pensar, actuar y relacionarse –lo que nosotros llamamos «vivir centrados en el corazón».

Este libro tiene como propósito ayudar a comprender qué es la inteligencia del corazón y cómo la podemos utilizar en la práctica para elevar nuestro nivel vibracional, lo cual nos permite gestionar la energía, desarrollar nuestro potencial superior y llevar una vida en la que nos sintamos realizados. Vamos a compartir prácticas y conceptos clave, algunos de los cuales pueden resultarte innovadores mientras que otros puede que ya los hayas aplicado en tu propio proceso personal. Vamos a profundizar sobre los beneficios de aprender a recurrir a las capacidades de discernimiento y orientación de nuestro corazón con el fin de avanzar, en estos tiempos de tanta transformación, con una mayor claridad, holgura y armonía.

Obviamente, los paradigmas no se pueden cambiar de un día para otro, pero, a medida que incrementamos la energía planetaria del corazón así como nuestra comprensión de la inteligencia del corazón, podremos refinar y progresar en dicho proceso de forma colectiva. En mis viajes por Estados Unidos, Europa y Asia veo que cada vez hay más personas, de campos profesionales muy distintos, en las que se perciben las cualidades de una vida basada en el corazón. Aunque resulte difícil de cuantificar, percibo que, en medio de todos los conflictos y luchas que están produciéndose, se está manifestando una nueva conciencia y esperanza que se deja entrever en momentos casuales e inesperados. Con frecuencia observo un cambio cualitativo en la forma en que la gente se comunica, lo cual queda reflejado en su amplitud de miras, su respeto a nivel general y su espíritu de colaboración. Observo que existe una nueva sincronía con valores esenciales que la gente utiliza para tomar decisiones y enfocar sus acciones, todo lo cual resulta especialmente evidente en cómo la gente reacciona, o no reacciona, ante los retos. Hay veces en las que ya no parece que los modelos emocionales normales y predecibles sigan prevaleciendo.

El texto siguiente recoge algunas de las opiniones de Doc sobre el cambio planetario que estamos experimentando y que me han ayudado a comprender lo que vengo observando.

Al mismo tiempo que el mundo conecta cada vez más con el corazón, es evidente que aumenta también la tensión a nivel global. Por todo el planeta circulan ondas de turbulencias emocionales fruto de nuestras respuestas colectivas al terrorismo, las guerras, la sucesión de las sequías, inundaciones, tornados y demás cambios de la Tierra, así como a la inestabilidad generalizada en el mundo. Dichas oleadas de tensión se ven intensamente potenciadas y amplificadas por los medios de comunicación, los cuales mantienen vivo un desasosiego colectivo capaz de enturbiar nuestra forma de pensar, sentir y reaccionar a las interacciones de la vida –sobre todo a nivel emocional.

Por otro lado, tanto los medios de comunicación como Internet nos aportan una visión del mundo que está generando más amor, dedicación y compasión por los retos que afronta la humanidad a unos niveles que nunca antes se habían vivido en este planeta en un mismo momento. Dicha influencia se refleja en los miles de causas sociales que surgen sin cesar gracias a la conectividad que nos facilita Internet en la actualidad. Hay cada vez más gente que se interesa activamente por los problemas a nivel global como pueden ser la desigualdades sociales y económicas, las reformas sanitarias y políticas, la ecología, etc. La voz del pueblo, la voz de su corazón, se está alzando y se hace escuchar cada vez más. Independientemente de sus creencias religiosas o espirituales, en gentes de todas partes del mundo está cada vez más despierta la conciencia del corazón.

Al ser cada vez mayor el número de los que conectan con la inteligencia del corazón, se está generando una energía de conexión que facilita que más personas también lo consigan. Cuando uno asume su responsabilidad y deja de prejuzgar y compartimentar, le da fuerza a ese impulso de energía que constituye la conciencia del corazón, lo cual, a su vez, reduce esa capa de energía densa que separa nuestro espíritu de nuestra propia humanidad y que impide que se manifieste nuestro potencial superior. Para esto se requiere autoempoderamiento y ahora, más que nunca, disponemos de más facilidades y posibilidades de conseguirlo. Con el paso del tiempo, la tonalidad general de la conciencia colectiva pasará, gradualmente, de la supervivencia a la prosperidad a medida que la humanidad desarrolle más las cualidades de amabilidad, compasión y cooperación en toda esta aventura evolutiva.

Es la aventura del descubrimiento del poder del corazón.

CAPÍTULO 2

ATRIBUTOS DE LA INTELIGENCIA DEL CORAZÓN

por Deborah Rozman

> Visualiza la inteligencia del corazón como ese flujo de conciencia, comprensión y orientación intuitiva que experimentamos cuando la mente y las emociones se sincronizan de forma coherente con el corazón. Gracias a este tipo de inteligencia, el poder del amor universal se manifiesta en las interacciones de nuestra vida adoptando unas formas prácticas y asequibles que nos indican que existe un camino más directo hacia nuestra plenitud.
>
> DOC CHILDRE

Son muchos los aspectos de la inteligencia del corazón que vamos a abordar en este libro desde distintos ángulos. La mayoría de la gente, al hablar del corazón, se refieren a algo más que meramente el órgano físico. Una vez, mientras enseñaba meditación en una clase de niños de siete años en una escuela pública, les pregunté: «Señalad con el dedo vuestro verdadero yo», y todos apuntaron al corazón porque todos sentían que eso es quien realmente son. Independientemente de la raza, la religión o el grupo étnico al que se pertenezca, desde siempre todos los pueblos coinciden en que en el corazón es donde se origina su existencia, su intuición y su sabiduría. En la mayoría de las lenguas existen metáforas sobre el corazón del tipo: «Sigue a tu corazón», «Pregúntale a tu corazón» o «Entrégate a ello de corazón». Para muchas culturas de la Antigüedad como, por ejemplo, las de Mesopotamia, Egipto, Babilonia y Grecia, el corazón era el manantial de donde manaba la inteligencia, y sostenían que era el principal órgano capaz de influenciar y determinar nuestros sentimientos, nuestra moral así como nuestra capacidad de tomar decisiones, por todo lo cual le concedían una gran importancia emocional y moral a su comportamiento. A lo largo de miles de años, las distintas culturas de todo el planeta, sin saber nada las unas de las otras, coinciden en que el corazón es la sede de la inteligencia y es quien nos guía en la vida.

Al principio de los años setenta, cuando daba clases de psicología Gestalt a adultos, me di cuenta de que la mente y el corazón eran dos sistemas de inteligencia completamente distintos. Sin embargo, en aquella época no conseguí encontrar nada en toda la bibliografía sobre psicología que me diera una explicación a lo que yo percibía en la gente. Cuando alguno de mis alumnos tenía algún conflicto con una relación o algún problema laboral, le colocaba dos cojines en el suelo y le decía que se imaginara que uno de los cojines era la mente y, el otro, el corazón. Entonces le decía que se sentara en el cojín que representaba la mente y que, desde ahí, le hablara a su corazón. Una vez había verbalizado sus pensamientos y preocupaciones, le decía que se cambiara al cojín del corazón y que éste le explicara a la mente cuál era su punto de vista del problema y lo que sentía. Con frecuencia, observaba que era como si se tratara de dos personas distintas hablando desde dos niveles de conciencia completamente distintos. Entonces, le decía que volviera a sentarse en el cojín de la mente y que le respondiera al corazón desde ahí. Después de alternar tres o cuatro veces de un cojín al otro, le decía al alumno que se conectara con su corazón y que dejara que le fluyera la sabiduría desde ahí. Siempre se notaba un cambio evidente en lo que decía. Se expresaba con una energía más profunda y distinta, que no sólo el alumno en cuestión sino todo el resto del grupo percibía también. Esas revelaciones intuitivas que surgían al conectar la mente y el corazón aportaban una solución al conflicto o expresaban cuál era el siguiente paso que esa persona debía tomar. Al observar esto tantísimas veces, quedé convencida de que el corazón tenía la capacidad de acceder a una determinada fuente de inteligencia.

Al conocer a Doc Childre a mediados de los años ochenta y oírle hablar de «la inteligencia del corazón», supe de inmediato a qué se refería aunque esa terminología fuera nueva para mí. Cuando me invitó, junto a otras personas, a contribuir con la fundación de un centro de investigación de la ciencia del corazón, acepté entusiasmada, porque esa propuesta concordaba con mis estudios y experiencias anteriores sobre el tema del corazón.

Al inicio de nuestras investigaciones, nos planteamos: «¿Se puede medir de alguna manera esa conexión entre el corazón físico y el espiritual? ¿Son lo que la gente llama "sentimientos del corazón" un aspecto más del cerebro o desempeña también alguna función el corazón físico? ¿Está relacionado con la intuición?». Éstas son algunas de las cuestiones que nos planteamos al fundar el centro de investigación HeartMath a principios de los años noventa, porque nos parecía importante poder comprender cómo se comunican el corazón y el cerebro así como investigar qué papel desempeña el corazón en la experiencia emocional, en la intuición y en el autocontrol. Para ello se constituyó una junta consultiva compuesta por científicos de renombre en campos como la investigación cerebral, la cardiología, la psiquiatría, la psicología, la física e la ingeniería, todos los cuales, a su vez, mostraron su interés por investigar en alguna posible conexión entre el órgano del corazón y el corazón espiritual.

Comenzamos nuestra investigación documentándonos sobre los últimos hallazgos en los campos de neurología, neurocardiología, psicología, fisiología, bioquímica y biofísica. Al hacer una síntesis de las investigaciones de dichas disciplinas, nos sorprendió descubrir que el órgano del corazón envía información al cerebro y al cuerpo a través de cuatro conductos: el sistema de comunicación neurológico (mediante las vías ascendentes del sistema nervioso autónomo); la comunicación biofísica (la onda del pulso); la bioquímica (el corazón segrega una serie de hormonas); y el campo electromagnético que genera el corazón.[1]

También descubrimos que nuestras sensaciones afectan tanto a la actividad física del órgano del corazón como se ven afectadas por ella, así como que lo que sentimos constituye la clave para activar «la inteligencia del corazón».

Qué es la inteligencia

El término «inteligencia» proviene del latín *intelligere*, que significa 'escoger' o 'discernir', y durante siglos ha sido asociado a conceptos metafísicos entre los que se incluyen las teorías de la inmortalidad del alma.[2] Sin embargo, hasta principios del siglo xx, las investigaciones sobre la «inteligencia» son relativamente escasas, momento desde el cual se han utilizado muchas descripciones como, por ejemplo, la de la facultad de tener pensamiento abstracto, la de comprender, ser consciente de uno mismo, comunicarse, razonar, aprender, tener conocimiento emocional, capacidad de memorizar, planificar, resolver problemas, y muchas más. Resulta interesante observar que nuestra comprensión de la inteligencia ha ido evolucionando al mismo ritmo que el de la conciencia del ser humano.

En la actualidad, son muchas las definiciones de la inteligencia propuestas por los expertos, aunque no existe realmente un consenso al respecto. En muchos círculos, la inteligencia queda reducida al resultado de un test de inteligencia (CI), pero son muchas la voces que critican el hecho de restringir la inteligencia de una persona a lo que pueda medir un test de CI. Aunque no niegan el hecho de que dichos test pueden predecir, bastante correctamente, ciertos tipos de destrezas, sostienen que al basar todo nuestro concepto de

---

1. McCraty, R., Atkinson, M., Tomasino, D., y Bradley, R. T. «The coherent heart: Heart-brain interactions, psychophysiological coherence, and the emergence of system-wide order». *Integral Review*, 2009, 5(2): 10-115.

2. Privateer, P. M., *Inventing intelligence: A social history of smart*, John Wiley & Sons, 2008.

la inteligencia humana únicamente en los resultados de un CI se pasan por alto muchos otros importantes aspectos de nuestras capacidades.[3]

En 1983, en su libro *Frames of Mind*, Howard Gardner sugiere que el ser humano dispone de múltiples inteligencias: la lógica, la lingüística, la espacial, la musical, la cinestésica, la intrapersonal (conocerse a uno mismo), la naturalista y la interpersonal (conocer a los demás)[4] –lo cual expandió las perspectivas de los educadores con respecto a la inteligencia y algunas escuelas incluyeron dichos distintos tipos de inteligencia en sus enseñanzas. A partir de todo ello se evolucionó hacia una serie de opiniones más amplias con respecto a la inteligencia.

En 1995, en su innovador libro titulado *Emotional Intelligence*, Daniel Goleman escribió lo que dio nacimiento a un nuevo movimiento con el que se sacaban a la luz nuestras emociones para ponerlas ante los ojos de nuestra conciencia. El exhaustivo estudio de Goleman sobre las investigaciones de la naturaleza de las emociones y de la inteligencia reveló que el éxito que obtengamos en la vida depende tanto, o incluso más, de nuestra capacidad de gestionar nuestras emociones, como de nuestra capacidad analítica o intelectual. El autor descubrió que nuestra capacidad de autogestionar y gestionar nuestras emociones resulta imprescindible para triunfar tanto en una gran variedad de trabajos como en cuestiones como entablar y mantener relaciones de amistad.[5]

Este trabajo de Goleman provocó el nacimiento de un nuevo campo de indagación científica denominado «psicología positiva», basado en investigaciones que demuestran que los estados de positividad emocional aumentan nuestra capacidad de pensar. Según la teoría *Broaden and build* (expande y construye) desarrollada por

3. Weinberg, R. A., «Intelligence and IQ: Landmark issues and great debates». *American Psychologist*, 1989, 44(2): 98.

4. Gardner, H., *Frames of Mind*, Nueva York, Basic Books, 1985.

5. Goleman, D., *Emotional Intelligence* Nueva York, Bantam Books, 1995.

Barbara Fredrickson, las emociones negativas no pueden llevarnos a estados que nos permitan aceptar múltiples puntos de vista, que nos capaciten para la resolución de problemas o que incrementen nuestra creatividad, sino que eso sólo se consigue gracias a estados emocionales positivos como el amor o la gratitud.[6] Actualmente los investigadores hablan ya en términos de «inteligencia colectiva» positiva a medida que distintos grupos sociales evolucionan hacia estados de mayor orden, complejidad y armonía.

Al comienzo de nuestras investigaciones sobre la inteligencia del corazón, enseñábamos a los sujetos a practicar técnicas de respiración enfocándose en el corazón a la vez que generaban sentimientos de cariño, amor, interés por el bienestar de los demás o compasión. Dichos sujetos nos informaban a menudo de que habían experimentado un aumento de la intuición y de las revelaciones internas, lo cual les había servido para tomar mejores decisiones en la vida diaria. Esto nos dio alas para sospechar que las prácticas que se enfocan en el corazón estimulan nuestra inteligencia más allá de los márgenes normales de la percepción. Asimismo, comprendimos por qué muchos sabios y filósofos hablan desde hace tiempo de una inteligencia intuitiva que proporciona una percepción directa, clara e independiente de los procesos racionales de la mente. Dado que lo que queríamos era descubrir las vías fisiológicas, nuestro siguiente paso consistió en observar cómo se intercomunican el corazón y el cerebro.

Investigación cardiocerebral

No fue hasta la segunda mitad del siglo xx cuando se comenzó a investigar en profundidad sobre los aspectos fisiológicos de la comunicación cardiocerebral. Ya en los años sesenta y setenta, mediante

---

6. Fredrickson, B. L., «The role of positive emotions in positive psychology. The broaden-and-build theory of positive emotions». *American Psychologist*, 2001. 56(3): 218-226.

su investigación pionera en este campo, los fisiólogos John y Beatrice Lacey demostraron que las formas en que el corazón se comunica con el cerebro influyen efectivamente tanto en nuestra percepción del mundo que nos rodea como en la manera en que interactuamos con él.[7,8]

En 1991, año en que se inauguró el HeartMath Institute, el Dr. J. Andrew Armour, pionero de la neurocardiología, introdujo el concepto de *heart brain* (cerebro del corazón)[9] al descubrir que el órgano del corazón posee su propio, complejo e intrínseco sistema nervioso que hace las veces de un cerebro y que funciona independientemente del cerebro que tenemos en la cabeza. Se ha observado que dicho «cerebro del corazón» es capaz de sentir, procesar y codificar información por sí mismo. Hay pruebas que demuestran que es capaz de aprender así como de memorizar a corto y largo plazo, y que dispone de neuroplasticidad. Asimismo, las señales nerviosas ascendentes que el corazón le envía constantemente al cerebro interactúan y modifican los centros cognitivo y emocional superiores,[10] de tal forma que el *input* cardíaco ejerce una influencia clave y sistemática en los procesos subyacentes a nuestra percepción, cognición y emociones. A nivel físico, el corazón no sólo tiene su propia forma innata de inteligencia sino que, debido a su extensa comunicación

---

7. Lacey, B. C. y J.I. Lacey, «Studies of heart rate and other bodily processes in sensorimotor behavior» en *Cardiovascular Psychophysiology: Current Issues in Response Mechanisms, Biofeedback, and Methodology*, P. A. Obrist, *et al.*, eds., 1974, Aldine, Chicago, pp 538-564.

8. Lacey, J. I. y B.C. Lacey, «Two-way communication between the heart and the brain: Significance of time within the cardiac cycle». *American Psychologist*, 1978, 99-113.

9. Armour, J. A., «Anatomy and function of the intrathoracic neurons regulating the mammalian heart», en *Reflex Control of the Circulation*, I. H. Zucker y J. P. Gilmore, eds., 1991, CRC Press, Boca Raton, pp 1-37.

10. McCraty, R. y F. Shaffer, «Heart Rate Variability: New Perspectives on Physiological Mechanisms, Assessment of Self-Regulatory Capacity, and Health Risk». *Glob Adv Health Med*, 2015, 4(1): 46-61.

con el cerebro y el resto del cuerpo, determina activamente nuestra manera de pensar, sentir y reaccionar a nuestro entorno.[11]

A día de hoy, los científicos disponen de muchos más conocimientos sobre las funciones que el órgano del corazón desempeña de forma independiente e inteligente, aunque no formen parte aún del saber de la población general ni tampoco del personal sanitario y de otros investigadores.

Éstos son algunos de dichos descubrimientos:

- Antes de que se forme el cerebro en un embrión, el corazón comienza ya a latir.
- Existe una comunicación bidireccional ininterrumpida entre el cerebro y el corazón.
- Es mayor la cantidad de información que el corazón le envía al cerebro que la que el cerebro le envía al corazón.
- El corazón le envía al cerebro unas señales que le informan de las decisiones que tomamos.
- El corazón ayuda a sincronizar muchos sistemas del cuerpo para que todos ellos puedan funcionar en sincronía.
- Las señales enviadas por el corazón inciden sobre los centros cerebrales relacionados con el pensamiento estratégico, los reflejos y la autorregulación.

Autorregulación emocional

A principios de los años noventa, en nuestro centro de investigación descubrimos que las emociones negativas o el estrés desincronizaban por completo el sistema nervioso y que, cuando esto sucedía, se alteraba también la frecuencia cardíaca y la gráfica que lo representaba en el monitor era muy irregular,[11] lo cual incrementaba aún más el nivel de estrés sobre el organismo en general y afectaba también a las funciones mentales.

---

11. McCraty, R., *et al.*, «The effects of emotions on short-term power spectrum analysis of heart rate variability». *Am J Cardiol*, 1995, 76(14): 1089-1093.

En cambio, observamos que las emociones positivas como el cariño, el amor, el interés por los demás y la compasión incrementaban el orden y el equilibrio en el sistema nervioso, lo cual se traducía en ritmos cardíacos suaves y armónicos, y en ondas más sinusoidales (coherentes). Pero dichos ritmos no sólo reducían el nivel de estrés sino que, de hecho, potenciaban en los sujetos la capacidad de pensar con claridad y de autorregularse su respuesta emocional.[11]

Descubrimos que, al aprender a descifrar los mensajes que recibimos del corazón, nuestra percepción alcanza el nivel de precisión necesario para gestionar las emociones de forma eficaz cuando se nos plantean problemas en la vida. Cuanto más aprendemos a escuchar y a hacerle caso a nuestra inteligencia del corazón, más equilibradas y coherentes se vuelven nuestras emociones. Un sujeto posee tanta más inteligencia emocional cuanto más haya aprendido de la sabiduría e inteligencia de su corazón. La ausencia del efecto regulador de la inteligencia del corazón provoca que la mente caiga fácilmente presa de emociones reactivas como la inseguridad, la rabia y el reproche, además de otras reacciones y conductas que nos agotan la energía. Resulta evidente que la autorregulación emocional nos facilita el acceso a la inteligencia del corazón. Asimismo, se produce un incremento de la claridad mental y de la intuición cuando las personas aprenden a cambiar a un ritmo cardíaco más coherente, lo cual les potencia la capacidad de escuchar y conectar más profundamente con las indicaciones intuitivas de su corazón.[12]

La inteligencia del corazón y la psicología

Cuando estudiaba psicología en la Universidad de Chicago, nos explicaron la terapia cognitivo-conductual (TCC), una rama de la psi-

12. McCraty, R., M. Atkinson, y R. T. Bradley, «Electrophysiological evidence of intuition: Part 2. A system-wide process?» *J. Altern Complement Med*, 2004, 10(2): 325-336.

coterapia que permite que las personas cambien su percepción y sus pensamientos con respecto a una situación o un acontecimiento determinados, lo cual, en teoría, debería servirles también para cambiar su estado emocional. Aunque la TCC se mantiene como el tipo de terapia más utilizada hoy en día y, para muchos, es la más efectiva puesto que ha sido de gran ayuda para millones de personas, al igual que la mayoría de los métodos, no resulta igual de eficaz para todo el mundo. Las creencias emocionales que tenemos profundamente arraigadas consiguen socavar nuestro pensamiento racional y conceptual. Con frecuencia, un primer paso crucial para vencer las resistencias emocionales consiste en concentrarnos en nuestra propia conciencia emocional y aceptar lo que sentimos sin prejuzgarlo, lo cual nos abre el corazón para que la inteligencia intuitiva del corazón permita que se nos abra interiormente una visión más amplia y nos sane tanto a nivel mental como emocional.

Para que siga avanzando la conciencia humana, tanto a nivel individual como colectivo, es crucial que desarrollemos la capacidad de gestionar las emociones, no reprimiéndolas sino permitiéndoles que se transformen en sentimientos y percepciones de mayor calidad. Basta con fijarnos en la historia para observar que una mala gestión de las emociones se traduce siempre en reproches, odio y represalias, lo cual genera interminables círculos viciosos de sufrimiento en nuestro planeta. Al aprender a escuchar más atentamente a nuestra intuición y la sabiduría de nuestro corazón, se desarrolla el poder de transformar los pensamientos y las emociones en percepciones nuevas, lo cual nos capacita aún más para escoger qué tipo de reacción emocional queremos en lugar de que nos salte el modo reactivo de forma automática. Podemos aprender a reconocer qué emociones y actitudes nos agotan, y reemplazarlas por otras que sean regenerativas y nos aporten perspectivas más ilustradas. Dicha habilidad es uno de los principales beneficios de las prácticas que nos permiten acceder a la inteligencia del corazón.

Ser capaz de discernir entre las pautas que nos ofrece el corazón y las creencias mentales y emocionales que suelen condicionar nuestros pensamientos puede constituir todo un reto. Es un alivio saber que cuanto más nos ejercitemos en discernir entre los consejos del corazón y la persuasión de la mente, más fácil nos resultará conseguirlo. Aunque al principio nos parezca complicado, e incluso a veces desalentador, con la práctica podemos aprender a percibir que el tono o la cualidad de la intuición del corazón son distintos de la de los pensamientos conceptuales o de los deseos y las creencias emocionales.

Puede que te hayas dado cuenta, como a mí me pasó hace años, que al hacerle caso a lo que creías que era la voz de tu corazón has acabado por meterte en un problema. Por ejemplo, puede que hayas sentido un cosquilleo en el estómago y se te haya acelerado el corazón al pensar en una cita que tenías con alguien determinado pero que, al final, la cosa saliera mal. Es fácil confundir la intuición del corazón con una sensación emocional y dejarnos cautivar por ella. A base de probar y equivocarme, aprendí que esa atracción no siempre provenía de mi auténtico corazón.

El corazón suele susurrarnos con un sentido común sosegado. Acostumbra a ser el corazón el que nos dice: «No sé si aceptar ese trabajo a pesar del salario tan alto que me ofrecen». Pero entonces la mente decide aceptarlo porque, por regla general, nos tira más el dinero que el corazón hasta que conseguimos desarrollar por completo nuestra capacidad de discernimiento. La mente tiende a racionalizar nuestros deseos y reacciones. Como dice mi amiga Amy:

Cuando consigo controlar las opiniones y reacciones de la mente, me siento justificada al sentirme enfadada. Pero mi corazón es completamente distinto —más tierno y más sencillo—. Pero para hacerle caso al corazón hay que ser valiente. Puede que el corazón te diga: «No le des importancia a eso» o «Déjalo», pero, por otro lado, te entra miedo de que alguien se salga con la suya o que alguien en concreto te machaque vivo. Pero cuando uno es lo suficientemente valiente como para hacer lo que le dice el corazón, se siente mejor y es como si las cosas salieran mejor también.

Vamos a poner algunos ejemplos de cómo distinguir si es la cabeza o el corazón el que nos habla:

En el coche a una hora punta. *La cabeza:* ¡Qué horror de tráfico! Pero ¿es que es ese idiota el que nos está frenando a todos? ¿Hasta cuándo van a esperar para ensanchar esta carretera? ¡Qué morro, esta que me ha cortado el paso! *El corazón:* Los coches se moverán cuando puedan. No ganas nada poniéndote de mal humor y malgastando la energía. Pon la radio y escucha un poco de música.

En el trabajo. *La cabeza:* Pero ¿quién se ha creído que es ésta? ¡Pero qué injusticia, que le den a ella todos los proyectos buenos y a mí me dejen los restos! ¡Qué rabia me da! *El corazón:* Sé que lo está pasando mal y que quiere hacerse notar, pero yo tengo que mantenerme en calma, no dejarme atrapar por algo que no va conmigo y no meter más cizaña. Quizás soy yo quien tiene que cambiar de actitud. Creo que la voy a invitar a comer.

Cuando te acostumbres a fijarte en la diferencia de registro entre esas dos voces, puede que la mente y el corazón te parezcan dos emisoras de radio completamente distintas. Cuando sintonizas con la del corazón, cambias de actitud y lo que buscas son respuestas que se adapten mejor a la situación en su totalidad. Con esto la mente sale ganando porque se vuelve más *razonable*. La inteligencia del corazón le aporta una visión más global que le permite decidir qué es lo mejor para nosotros pero en armonía con la colectividad.

También he aprendido que la mejor manera de mantenerme equilibrada emocionalmente y deshacerme de asuntos sin resolver es accediendo a mi corazón y practicando la compasión por mí misma, por los demás, así como el cariño y la amabilidad. Dichas prácticas, al realizarlas desde el corazón, me han ayudado a distinguir, paulatinamente, las intuiciones del corazón de mis preferencias o preocupaciones mentales y emocionales. En nuestras investigaciones hemos observado que se obtienen revelaciones intuitivas tanto más frecuentemente cuanto más en sintonía esté el individuo con los valores básicos del corazón. Suele experimentarse en forma de una veloz oleada de intuición que se activa cuando uno siente cariño, compasión o amabilidad genuinas. Por ejemplo, muchas personas dicen que es muy bueno escribir un diario de gratitud. Descubrimos que la gratitud o el cariño, son *actos inteligentes* más efectivos que facilitan obtener las respuestas a nivel interior (no son meramente algo cariñoso o filosófico).

También muchas personas se sirven de algún tipo de oración o de meditación para identificar los mensajes de la intuición del corazón. Últimamente se ha hecho muy famosa la práctica del *mindfulness*, con la que uno aprende a observar los pensamientos y sentimientos sin juzgarlos ni identificarse con ellos. Practicar la «amabilidad con cariño» facilita aún más esos resultados y constituye, asimismo, un importante aspecto del *mindfulness*.

John Kabat-Zinn, autor de muchos libros sobre *mindfulness*, escribe:

> La conciencia, que podríamos comparar con un campo de inteligencia compasiva que se localiza en el corazón, lo asimila todo y constituye una fuente de paz en medio de la confusión, de la misma forma que una madre representa una fuente de paz, compasión y perspectiva cuando su hijo se enfada, porque sabe que eso se le pasará a su hijo, cualquiera que sea la causa de su enfado y, por ello, le aporta bienestar, seguridad y paz desde su propia existencia. A medida que aplicamos el *mindfulness* en nuestro propio corazón, podemos enfocar un sentimiento semejante de compasión en nosotros mismos.[13]

---

13. Kabat-Zinn, J. y T. N. Hanh, *Full catastrophe living: Using the wisdom of your body and mind to face stress, pain, and illness*, Delta, 2009.

Llegará un momento en que la humanidad se percate de que el corazón contiene un paquete de *software* de una inteligencia superior que ha sido diseñado para aportarnos las pautas intuitivas que necesitamos con objeto de sortear los escollos de la vida y seguir avanzando. Cada vez son más los que se centran en el corazón para hallar más solaz y fluir más en la vida. La inteligencia emocional forma parte de eso pero, instintivamente, la gente sabe que el corazón es muy inteligente porque, de lo contrario, no se dirían cosas como: «Cuando ya no sepas dónde buscar más respuestas, pregúntale a tu corazón». ¡Lo curioso es por qué no empezamos directamente por ahí en vez de buscar primero por todas partes!

En los próximos capítulos aportamos más información sobre nuestras investigaciones sobre la inteligencia innata del corazón, las cuales nos han permitido comprender cómo dicha inteligencia sintetiza otras formas de inteligencia para poder convertirnos en lo que realmente somos.

EL CORAZÓN INTUITIVO
por Rollin McCraty

Casi todos nos hemos encontrado en situaciones en las que, a pesar de sentir que el corazón nos indicaba cuál era la mejor opción, nos hemos dejado llevar por los miedos o deseos de la mente y, más adelante, hemos tenido que reconsiderarlo todo y resolver los problemas a los que nos había llevado dicha decisión. En el capítulo anterior se define la inteligencia del corazón como «el flujo de conciencia, comprensión y orientación intuitiva que se experimenta cuando la mente y las emociones se sincronizan de forma coherente con el corazón». Tanto por experiencia propia como al observar a los demás, me he dado cuenta de que la falta de sintonía entre lo que nos dice la mente y lo que intenta transmitirnos silenciosamente el corazón intuitivo puede constituir una de las mayores causas de estrés que, sin embargo, no se reconoce como tal. Es como si tiraran de nosotros en sentidos opuestos. Los griegos consideraban que estos aspectos contradictorios pugnan de forma permanente por el control de nuestra experiencia interior. Personalmente he descubierto que la intuición no tiene por qué ser algo aleatorio o fugaz, ni estar en constante enfrentamiento con la mente. La práctica nos permite acceder a nuestra intuición como parte integral de la toma de decisiones en nuestra vida diaria.

Aunque en este capítulo vamos a comentar brevemente algunas de las interesantes investigaciones científicas sobre la intuición realizadas tanto por HeartMath como por otras personas, antes conviene comentar las definiciones más comunes que se dan del término «intuición». Proviene del latín *in-tuir*, que se puede traducir como «mirar, considerar o conocer desde dentro». La mayoría de los diccionarios la definen como «la habilidad de comprender o saber algo sin un razonamiento consciente». La comunidad científica suele definirla como «un complejo conjunto de procesos cognitivos y corporales interrelacionados del que, al parecer, no forma parte el pensamiento racional y voluntario».[1]

Tipos de intuición

A lo largo de la historia, la mayor parte de las investigaciones sobre la intuición se han enfocado en aspectos puramente cognitivos o mentales de la percepción en los que la intuición se corresponde con procesos implícitos y con la memoria implícita. Sin embargo, dicho tipo de intuición es una función del inconsciente que accede a cierta información ya existente y almacenada en el cerebro pero que no recordamos o no somos conscientes de haberla aprendido.

Por regla general, en los círculos científicos se da por válido que el cerebro utiliza dos sistemas distintos de procesamiento –lo que se conoce como la teoría del proceso dual–. El primero de ellos es inconsciente, automático e intuitivo; procesa la información muy rápidamente buscando similitudes entre lo que estamos oyendo o viendo para, acto seguido, intentar asociarlo a recuerdos inconscientes del pasado. Por lo tanto, requiere de una relativamente pequeña cantidad de recursos mentales.[1]

Recuerdo que, de niño, pasaba temporadas con mi abuelo, el mecánico del pueblo, y que me asombraba el hecho de que fuera capaz de saber inmediatamente lo que le pasaba a un coche o a un

1. Hodgkinson, G.P., J. Langan-Fox, y E. Sadler-Smith, «Intuition: A fundamental bridging construct in the behavioural sciences». *British Journal of Psychology*, 2008, 99(1): 1-27.

camión «simplemente escuchándole el ruido del motor» en punto muerto. Cuando alguien tiene mucha experiencia en algún campo determinado, se pueden producir dichas intuiciones implícitas porque el cerebro es capaz de reconocer, con rapidez y de forma inconsciente, los indicios relevantes y asociarlos con otros que le resultan familiares. En cambio, el segundo sistema de procesamiento que utiliza el cerebro es relativamente lento y analítico. Es el sistema con el que tomamos conciencia de nuestros pensamientos sobre una situación o problema determinados.

Los procesos implícitos también pueden aportar, en parte, una explicación de lo que en círculos científicos se suele denominar *insight* «revelación» «profunda comprensión». Cuando nos enfrentamos a un problema al que no conseguimos encontrarle solución de inmediato, puede que optemos por «aparcarlo» de momento, pero el cerebro sigue trabajando sobre él desde el subconsciente. Por ejemplo, cuando estamos en la ducha, conduciendo o haciendo algo que no tiene nada que ver con dicho problema, de repente se nos manifiesta la solución en la mente consciente –eso es un «*insight*» (revelación) intuitivo, un «¡Eso es!», un «¡Eureka!». Aunque los procesos implícitos constituyen un tipo de intuición importante y frecuente, algunos científicos consideran que son el único aspecto de la intuición. Sin embargo, los hallazgos más recientes sugieren que no es así.

Además del aspecto de la intuición que constituye la memoria implícita, existen otros dos tipos de sensibilidades que suelen agruparse bajo el término de intuición y que pueden llevar a confusión, sobre todo si hablamos de una intuición más profunda que nos conecta con la sabiduría y consejos provenientes de una dimensión superior de nosotros mismos. En la Figura 1 (página siguiente) se representan los tres tipos de intuición: la memoria implícita que acabo de mencionar junto con un segundo aspecto llamado «sensibilidad energética», así como un tercero denominado «intuición no local».[2]

---

2. McCraty, R. y M. Zayas, Intuitive «Intelligence, Self-regulation, and Lifting Consciousness», *Glob Adv Health Med*, 2014, 3(2): 56-65.

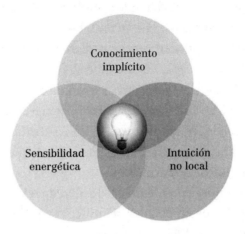

Figura1. Los tres tipos de sensibilidades que se utilizan
para describir el término «intuición».

Sensibilidad energética

El concepto de sensibilidad energética se refiere a la capacidad del cuerpo y del sistema nervioso de detectar señales electromagnéticas y de otros tipos de energía en nuestro entorno.[3] Esta línea de investigación se inició en nuestro laboratorio a principios de los años noventa. A raíz de un estudio sobre el agua, descubrimos que este líquido produce un «efecto de ampliación» de las señales magnéticas débiles, pero que dicha capacidad variaba según el manantial de donde procediera el agua. Sabedores de que el corazón genera un campo magnético detectable con magnetómetros de precisión a varios metros de distancia del cuerpo, a Mike Atkinson, nuestro jefe de laboratorio, y a mí se nos ocurrió investigar si se podía detectar la frecuencia cardíaca de una persona en un vaso de agua.

3. McCraty, R., «The Energetic Heart: Biomagnetic Communication Within and Between People», en *Bioelectromagnetic and Subtle Energy Medicine,* 2.ª ed. P. J. Rosch, ed., 2015.

Para ello, colocamos un electrodo en un vaso de agua, el cual, a su vez, colocamos delante del pecho del sujeto pero sin que llegara a tocarle. ¡Y el experimento funcionó! Conscientes de que el 80% del cuerpo humano se compone de agua, nuestro siguiente paso resultaba evidente: queríamos ver si se podía detectar la frecuencia cardíaca de un sujeto en el cuerpo y cerebro de otro y, efectivamente, así fue, lo cual, a su vez, condujo a toda una serie de experimentos que confirmaron que la señal electromagnética que irradia el corazón hacia el exterior puede ser detectada por otras personas y animales que estén cerca. Algunos ejemplos curiosos ya han sido explicado en el capítulo 1 (Josh y su perro Mabel; Ellen y su caballo Tonopah).

En la siguiente fase de nuestro estudio conseguimos demostrar que en el campo magnético del corazón está codificado nuestro estado emocional, lo cual, esencialmente, significa que existe un sutil pero influyente sistema de comunicación electromagnético o «energético» justo por debajo de nuestro nivel de percepción consciente, y que nos conecta con los demás a nivel de energía, lo cual explica nuestra capacidad de sentir o presentir la presencia de otra persona o de su estado emocional antes de recibir ninguna señal de su lenguaje corporal ni de su tono de voz.[3]

Asimismo, otro ejemplo de este tipo de intuición son las personas sensibles a los cambios que se producen en el campo magnético de la Tierra, muchas de las cuales experimentan mayor ansiedad, fatiga o confusión mental durante las tormentas solares o magnéticas. De hecho, los datos obtenidos en nuestra investigación sugieren que los cambios de ritmo en el campo magnético de la Tierra nos afectan a todos, aunque a algunos más que a otros.[4]

---

4. McCraty, R. y A. Deyhle, *The Global Coherence Initiative: Investigating the Dynamic Relationship between People and Earth's Energetic Systems in Bioelectromagnetic and Subtle Energy Medicine*, 2.ª ed., P. J. Rosch, ed., 2015.

Intuición no local

Uno de los comentarios más frecuentes desde hace años entre las personas que llevan tiempo practicando las técnicas de HeartMath es que les ha aumentado notablemente la intuición y que experimentan cada vez más sincronicidades. Los numerosos casos que he escuchado son claros ejemplos de un tipo de intuición que no se basa en conocimientos previos u olvidados (procesos implícitos) ni en una sensibilidad al *input* medioambiental (sensibilidad energética). A este tipo de intuición lo denominamos «intuición no local» porque transciende los límites normales del tiempo y el espacio. Un ejemplo típico de intuición no local que me cuenta la gente es que una persona siente algo y, de forma espontánea, se acuerda o piensa en algún amigo o amiga del pasado con la que no ha contactado ni en la que ha pensado desde hace mucho tiempo. A los pocos días, suena el teléfono y, ¡quién si no!, es justamente esa persona la que está al aparato.

Otros ejemplos frecuentes de intuición no local se producen cuando alguien tiene una clara sensación de que algo va a suceder, o cuando una madre siente que a su hijo o hija le ha pasado algo o ha tenido un accidente, aunque se encuentre en la otra punta del mundo o de la ciudad. Desde hace pocos años tengo el privilegio de trabajar con varias agencias de seguridad y, cuando les presento nuestras investigaciones sobre la intuición no local, casi siempre algún agente comenta que ese tipo de intuición le ha salvado la vida a alguien.

Hace pocos años nuestro laboratorio de investigación recibió la visita de Dean Radin, Ph.D y responsable del Institute of Noetic Sciences, el cual nos mostró los resultados de un estudio que acababa de dirigir y en el que se observaba que el sistema nervioso autónomo de los sujetos analizados reaccionaba antes de mostrarles unas fotos seleccionadas aleatoriamente y que suscitaban respuestas emocionales o bien emotivas o bien tranquilizantes.[5]

---

5. Radin, D. I., «Unconscious perception of future emotions: An experiment in presentiment». *Journal of Scientific Exploration*, 1997, 11(2): 163-180.

De inmediato comprendimos que dicho protocolo nos aportaba una herramienta de gran rigor para investigar al menos algunos aspectos de la intuición no local por lo que, en los meses siguientes, ampliamos dicho experimento añadiéndole algunos parámetros para determinar cuándo y dónde registraba el cuerpo la información intuitiva sobre algún acontecimiento futuro y cómo se distribuía por todo el cuerpo, el cerebro y el sistema nervioso. Para medir la actividad del sistema nervioso autónomo, el Dr. Radin se había centrado en los niveles de conductancia cutánea, los cuales varían según los cambios que se produzcan en el sistema nervioso simpático. Sin embargo, en nuestro primer estudio, además de dichos niveles de conductancia cutánea (NCC), incluimos para cada sujeto mediciones de sus ondas cerebrales (EEG), de la actividad eléctrica de su corazón (ECG) y de la variabilidad de su ritmo cardíaco (VFC).[6,7]

En el primero de una batería de estudios, 26 adultos con gran experiencia en mantenerse en estados de coherencia cardíaca mediante las técnicas de HeartMath, completaron todos los procesos del estudio en dos ocasiones, con unas dos semanas de separación entre sí. La mitad de los sujetos completaron los procesos después de haber permanecido 10 minutos en un estado de coherencia cardíaca mediante la técnica denominada Heart Lock-In® de HeartMath, mientras que la otra mitad del grupo completó el experimento sin hacer el Heart Lock-In. Para la segunda ronda de mediciones invertimos el orden de los grupos con el fin de comprobar si el hecho de estar en un estado de coherencia se relacionaba con alguna diferencia en los resultados, algo que sospechábamos que fuera posible ya que,

6. McCraty, R., M. Atkinson, y R. T. Bradley, «Electrophysiological evidence of intuition: Part 2. A systemwide process?». *J Altern Complement Med*, 2004, 10(2): 325-336.
7. McCraty, R., M. Atkinson, y R. T. Bradley, «Electrophysiological evidence of intuition: Part 1. The surprising role of the heart». *J Altern Complement Med*, 2004, 10(1): 133-143.

en otros estudios anteriores, habíamos hallado que al estar en coherencia cardíaca antes de iniciar una tarea determinada mejoraba el rendimiento así como la concentración de los sujetos.[8]

Los sujetos creían que participaban en un estudio de reacciones de estrés ante distintos tipos de fotografías y no sabían nada del auténtico propósito del experimento. Se sentó a cada uno de los sujetos delante de un ordenador y se les indicó que pulsaran el ratón cuando estuvieran preparados para comenzar cada una de las pruebas. Al pulsar el botón del ratón, la pantalla del ordenador permanecía en blanco durante seis segundos, momento en el cual, después de haberles registrado los datos fisiológicos, un programa especial seleccionaba al azar el tipo de fotografía que se les mostraba, ya fuera uno que produjera una fuerte reacción emocional o un estado de tranquilidad. La foto en cuestión permanecía tres segundos en la pantalla (*véase* Figura 2), después de lo cual la pantalla volvía

---

8. McCraty, R., Atkinson, M., Tomasino, D., y Bradley, R. T, «The coherent heart: Heart-brain interactions, psychophysiological coherence, and the emergence of system-wide order». *Integral Review*, 2009, 5(2): 10-115.

a quedar en blanco durante otros 10 segundos. Acto seguido, aparecía un mensaje en el monitor que indicaba al sujeto que, cuando estuviera preparado, pulsara de nuevo el ratón para comenzar la siguiente prueba.

En cada una de las dos sesiones del experimento, a los sujetos se les mostraron 45 imágenes, 30 de las cuales ya habían demostrado tener un efecto relajante en experimentos anteriores, mientras que las otras 15 eran las que tenían que producir una intensa reacción emocional.

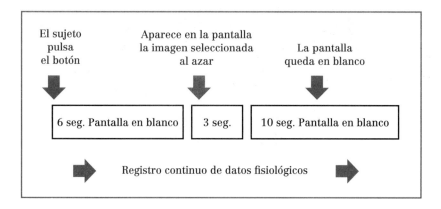

Figura 2. Montaje para el experimento sobre percepción intuitiva no local. Se colocó a los sujetos ante un monitor de ordenador y se les indicó que apretaran un botón cuando estuvieran preparados para comenzar cada una de las pruebas. Al pulsarlo, la pantalla permanecía en blanco durante 6 segundos. Acto seguido, aparecía una imagen seleccionada al azar de uno de los dos grupos de imágenes (tranquilizantes o emotivas) y permanecía 3 segundos en pantalla, después de lo cual seguían otros 10 segundos sin imagen en la pantalla. Tras esta pausa de recuperación, aparecía un mensaje en el monitor que indicaba a los participantes que comenzaran la segunda prueba cuando estuvieran preparados. En este estudio se midieron las reacciones intuitivas (previas al estímulo) durante el tramo de 6 segundos de pantalla en blanco antes de que el participante pudiera ver la imagen emotiva o tranquilizante seleccionada al azar.

Algunos de los resultados de este experimento resultaron intrigantes y fueron publicados en dos documentos separados porque había demasiados datos para reunirlos en un único documento. Éstos son los puntos principales. En el estudio se observa que tanto el corazón como el cerebro parecen recibir y reaccionar a la información sobre la cualidad emocional de la imagen antes de que el ordenador la hubiera seleccionado al azar. Por decirlo de otro modo, el corazón y el cerebro reaccionan ante un acontecimiento futuro antes de que se produzca –más concretamente, 4,8 segundos antes de que el ordenador seleccionara la imagen al azar.[6,7]

Recordemos que los datos fisiológicos se recogían antes de que el ordenador seleccionara al azar la imagen que aparecía en el monitor.

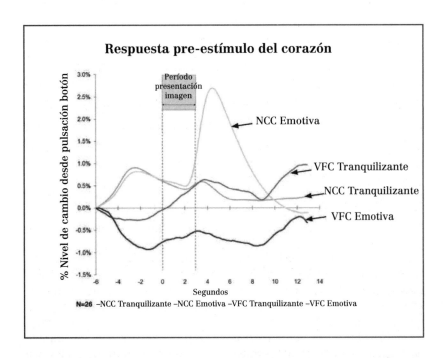

Figura 3. Reacción del corazón previa al estímulo. El gráfico muestra las medias grupales de variabilidad de la frecuencia cardíaca y de las respuestas de niveles de conductancia cutánea. El «0» en el eje temporal corresponde al momento en el que se muestran las fotos

por primera vez, cuando los sujetos ven una imagen tranquilizante o emotiva. Las respuestas preestimulación que representan la intuición no local se dan en el período entre –6 y 0 segundos. Se ve claramente que la muy significativa diferencia entre las respuestas VFC en el período preestimulación antes de la aparición de las fotos tranquilizantes o emotivas comienza a divergir unos 4,8 segundos antes de que los sujetos vean las fotos. En cambio, resulta sorprendente que no se produjera una diferencia significativa en las mediciones de conductancia cutánea durante el período de preestimulación.

Más impactantes aún fueron los datos que demostraban que el corazón recibía la información antes que el cerebro. Dado que habíamos registrado tanto las ondas cerebrales como el electrocardiograma, pudimos realizar un análisis más profundo denominado «estudio de potenciales cardíacos evocados», el cual lo que permite es registrar el flujo o las vías por las que viajan las señales neuronales desde el corazón a las distintas zonas del cerebro. Lo importante de esto es que se descubrió que, dependiendo de la carga emocional de la imagen que iba a proyectarse, el corazón enviaba un conjunto diferente de señales neurológicas al cerebro antes de que en este último se produjera alguna reacción preestímulo en cualquiera de sus zonas. En cambio, al poco de llegar al córtex frontal las señales procedentes del corazón es cuando surge en el cerebro un conjunto claro de señales preestimulación.

El análisis también dio como resultado que, si los sujetos estaban ya en un estado de coherencia cardíaca antes de iniciarse el experimento, las señales enviadas por el corazón producían unos cambios mucho más intensos en las zonas frontales del cerebro, lo cual es indicativo de que, cuando el sujeto se encuentra en un estado de mayor coherencia antes del experimento, sintoniza más con la información intuitiva del corazón. Todos estos resultados sugieren claramente que el corazón y el cerebro están conectados con una fuente de información que no opera según el binomio clásico de tiempo y espacio, lo cual, en física, se denomina «principio de la no localidad». Estos experimentos también sugieren que, cuanto más se practica el permanecer en un estado de coherencia cardíaca, más precisa es nuestra sintonía con esa fuente de información.

Asimismo se obtuvieron resultados interesantes en Irán, en un experimento posterior sobre intuición no local en el que los sujetos participantes en el estudio eran reconocidos emprendedores. En este caso se aplicaron los mismos procedimientos que en nuestro estudio (imágenes tranquilizantes y emotivas) pero añadiéndole un elemento importante. En primer lugar realizaron el experimento con 15 sujetos, lo cual confirmó los resultados de nuestro propio estudio. Seguidamente, hicieron un segundo experimento con 30 sujetos, pero esta vez en *parejas* y realizando las mismas tareas al mismo tiempo con el fin de determinar si el efecto de intuición no local podría «amplificarse» mediante una conexión social. Observaron que en las parejas se producía un efecto preestimulación considerablemente más potente que en los sujetos aislados, por lo que los autores escribieron: «... especialmente los cambios en la frecuencia cardíaca pueden representar un preconocimiento intuitivo, hecho notable porque constituye una corroboración transcultural. Asimismo, los resultados de las parejas de coparticipantes ofrecen nuevas pruebas de la amplificación de la señal de intuición no local».[9]

Estos estudios, junto con otros más, aportan pruebas convincentes de que múltiples investigadores han conseguido demostrar el hecho de la intuición no local en rigurosas condiciones de experimentación.[10,11] Además, han demostrado repetidamente que la

9. Rezaei, S., M. Mirzaei, y M. Reza Zali, «Nonlocal Intuition: Replication and Paired-subjects Enhancement Effects». *Global Advances in Health and Medicine,* 2014, 3(2): 5-15.

10. Bem, D. J., «Feeling the future: Experimental evidence for anomalous retroactive influences on cognition and affect». *J Pers Soc Psychol,* 2011.

11. Mossbridge, J., P. Tressoldi, E, y J. «Utts Predictive Physiological Anticipation Preceding Seemingly Unpredictable Stimuli: A Meta-Analysis». *Frontiers in Psychology,* 2012, 3:390.

actividad cardíaca parece ser el mejor indicador fisiológico de información no local.[12]

En cierto modo, disponemos de una información que escapa a nuestros esquemas normales de pensamiento en términos de espacio-tiempo. Aunque se han desarrollado varias teorías científicas en un intento de comprender mejor cómo se puede acceder a dicha información, lo cierto es que aún nadie sabe realmente en qué consisten realmente los mecanismos específicos para conectar con la información no local.

Como hemos mencionado anteriormente, son muchas las perspectivas y enseñanzas que, a lo largo de los siglos y procedentes de distintas culturas, se refieren al corazón como el punto de acceso a nuestra alma o nuestra fuente superior de sabiduría. Aunque no podemos afirmar que las investigaciones sobre la intuición no local que acabamos de describir demuestren la existencia del alma o que existe una fuente universal de inteligencia, sí que son indicativas de que, sin duda alguna, el corazón está conectado a una fuente de inteligencia que sobrepasa los límites del tiempo y el espacio. Quizás es que la ciencia esté a punto de confirmar que desde siempre han estado en lo cierto la mayoría de los iconos históricos de las tradiciones espirituales de la Tierra.

Nuestra teoría es que existe una conexión entre el órgano del corazón y el corazón energético o espiritual que constituye un punto de acceso a una orientación intuitiva que es mucho más expansiva e inclusiva que los procesos implícitos. En nuestro laboratorio, utilizamos el término de «sistemas energéticos» para referirnos a esas funciones que somos incapaces de medir, tocar o ver directamente tales como nuestros sentimientos, pensamientos e intuiciones. A pesar de que dichas funciones se corresponden claramente con determinados modelos de actividad biológica, permanecen sin embargo inasequibles para nuestros sistemas directos de medición y

---

12. Laszlo, E., *Quantum Shift in the Global Brain: How the New Scientific Reality can Change us and our World*, Rochester, VT, Inner Traditions, 2008.

observación. Algunos destacados científicos proponen que dichas funciones se desarrollan principalmente en el campo de las frecuencias (interacciones de energía), el cual, por definición, está más allá del binomio espacio-tiempo.[12,13,14,15]

En resumen, tanto nuestras investigaciones como nuestra experiencia personal apoyan la hipótesis de que el corazón energético dispone de unos canales que lo comunican con el órgano del corazón, el cual, a su vez, traslada dicha información intuitiva a los centros cerebrales de las emociones y al córtex frontal del cerebro. En el siguiente capítulo trataremos sobre la manera en que las señales procedentes del corazón pueden modular nuestra percepción y nuestras emociones.

Aprender a desarrollar nuestra conexión intuitiva con nuestras facultades superiores es un proceso transformacional que nos permite acceder a una fuente superior de información que fluye hasta el cerebro y la mente a través del corazón energético para aportarles una información permanentemente actualizada de nuestras percepciones. Nos proporciona lo que llamamos «intuición práctica», gracias a la cual disponemos de mayor conciencia e intuición cuando debemos tomar decisiones y, por lo tanto, conseguimos escoger lo que queremos hacer o cómo queremos reaccionar, en lugar de hacerlo dependiendo de nuestros antiguos y estresantes modelos de conducta. Desde nuestro punto de vista, ésta es la función más importante de la intuición.

13. Mitchell, E., *Quantum holography: a basis for the interface between mind and matter, in Bioelectro-magnetic Medicine*, P. G. Rosch y M. S. Markov, eds. 2004, Dekker, Nueva York, pp. 153-158.

14. Pribram, K. H., *Brain and Perception: Holonomy and Structure in Figural Processing*. Hillsdale, NJ, Lawrence Erlbaum Associates, Publishers, 1991.

15. Tiller, W. A., J. W. E. Dibble, y M. J. Kohane, Conscious Acts of Creation: *The Emergence of a New Physics* Walnut Creek, CA, Pavior Publishing. 2001, pp. 201-202.

Intuición práctica

Al aprender a generar estados de coherencia cardíaca para acceder a nuestra inteligencia intuitiva se pueden evitar muchos panoramas estresantes así como transitar con mayor fluidez por entre los retos que la vida nos plantea a diario. La práctica de la coherencia cardíaca durante unos pocos minutos varias veces al día permite que nuestra naturaleza mental y emocional respondan de la forma más razonable y efectiva posible ante todas las situaciones que se nos presentan en la vida –ya sean grandes retos o situaciones normales o creativas–. La intuición es la voz de «quien de verdad somos».

A continuación enumeraremos algunas situaciones prácticas en las nos puede ser muy útil saber practicar la coherencia cardíaca para tener acceso a nuestra intuición:

- Tomar mejores decisiones para obtener mejores resultados.
- Mayor capacidad de discernir cuál es la mejor opción en situaciones delicadas.
- Decidir cuándo decir lo que pensamos o cuándo mantenernos callados.
- Determinar qué actitud debemos adoptar en una situación determinada.
- Darnos cuenta de que la vida nos está diciendo que debemos cambiar de actitud, tener otra disposición, etc.
- Ayudarnos a cuidar de nuestra alimentación y a optar por costumbres saludables.

Acceder a nuestra intuición no es como tener una varita mágica, aunque es lo que muchos creen y, por eso, se sienten decepcionados. Para que se nos desarrolle la intuición tenemos que practicar el abrirnos y conectar con el corazón. A continuación explicaremos en qué consiste la técnica Heart Lock-In®, que es la que aplicamos en los experimentos sobre la intuición para alcanzar un estado de coherencia cardíaca, y que podemos practicar para desarrollar nuestra conexión con la intuición. Al abrir el corazón, conectarnos más con la gente a través del corazón y escuchar desde el corazón, se nos desarrolla la intuición. Sentir perdón y compasión por uno mismo, así como perdón y amor por los demás también despierta la intuición. La intuición del corazón toma en consideración la totalidad de la situación.

Técnica Heart Lock-In®

Paso 1. Concéntrate en la zona del corazón. Imagina que la respiración te entra y sale por esa zona del pecho, y respira un poco más lento y profundo de lo normal.

Paso 2. Activa y mantén algún sentimiento regenerativo, como puede ser cariño, compasión o atención por los demás.

Paso 3. Irradia esa sensación de renovación hacia todo tu propio ser y hacia los demás.

Personalmente, lo que siento es que, para acceder a mi intuición, tengo que aprender a gestionar mi energía emocional y a prestar más atención a las sutiles indicaciones de mi corazón porque, de lo contrario, la mente y las emociones tienden a anularlas. A medida que aprendemos a conectar con lo que siente nuestro corazón, crece y se desarrolla la conexión natural con nuestra intuición. Uno de los mayores beneficios de seguir las indicaciones del corazón que he aprendido hasta ahora es conseguir sincronizar mis facultades mentales y emocionales con mi auténtico ser.

CAPÍTULO 4

COHERENCIA DEL CORAZÓN: CÓMO ACCEDER A SU INTELIGENCIA

por Rollin McCraty

Mucha gente sabe cómo se siente uno al estar en un estado de armonía en el que el corazón y la mente trabajan en sintonía y desde el que uno se siente conectado con los demás. Aunque no es de extrañar que nos encante sentirnos con esa armonía interior, dicho estado suele aparecer por casualidad más que motivado por nosotros o como resultado de nuestra intención. ¿No sería maravilloso conseguir acceder a ese estado de armonía a voluntad, sin interrumpir nuestras relaciones con los demás, nuestros proyectos y mientras nos ocupamos de las complicaciones de la vida diaria?

Entonces, ¿qué es lo que nos hace sentir en equilibrio y armonía interiormente, en nuestras relaciones, en el trabajo y en nuestra manera de afrontar los retos de la vida? Gracias a los veinte años de investigaciones aplicadas que llevamos en el HeartMath Institute, hemos identificado un elemento fundamental, un estado fisiológico que denominamos «coherencia cardíaca» que favorece que se coordinen e interaccionen, de forma equilibrada, el corazón, la mente, las emociones y la fisiología. Numerosos estudios demuestran que la coherencia cardíaca favorece la salud, fomenta el bienestar y mejora las relaciones y el rendimiento en una gran variedad de contextos. Para desmitificar el término «coherencia», vamos a utilizar una sencilla analogía. Imaginemos que estamos haciendo meditación o rezando pero que no dejan de interrumpirnos nuestros pensamientos, sentimientos, preocupaciones, bucles de pensamientos o incluso buenas ideas, todo lo cual nos altera y descentra, y le resta efectividad a nuestra práctica. Lo que esto nos produce es una especie de «incoherencia» interna, de «ruido» interior. Por otro lado, al aumentar la coherencia interna durante la oración o la meditación podemos mantenernos concentrados con facilidad y comodidad, lo cual se traduce en unas pautas intuitivas más claras y en una mayor efectividad. Al establecernos en ese estado de coherencia, los pensamientos y las emociones se sintonizan y coordinan con la inteligencia del corazón, gracias a lo cual nuestra mente no recibe señales ni mensajes confusos o contradictorios. La incoherencia es como las interferencias que podemos oír en una emisora de radio, mientras que la coherencia interna nos permite «sintonizarnos» mejor con ella y recibir una señal mucho más clara.

Los diccionarios suelen definir el término «coherencia» como: «La cualidad de integrarse, ser consecuente e inteligible de forma lógica», refiriéndose, por ejemplo, a una frase coherente. Otra definición posible es: «Las relaciones ordenadas y armónicas entre las distintas partes de algo, ya se trate de un ente vivo como el ser humano o del cosmos». El término «coherencia» siempre lleva implícitos conceptos como conectividad, correlación, estabilidad y utilización eficaz de la energía.

Con respecto a nuestra fisiología, se produce un tipo de coherencia cuando dos o más sistemas rítmicos del cuerpo, tales como el de la respiración y el del corazón, se sincronizan en la misma frecuencia, lo cual se denomina «coherencia fisiológica», término que nuestro centro de investigaciones utiliza también para describir el grado de orden, armonía y estabilidad de las distintas actividades rítmicas que se desarrollan en nuestro cuerpo durante un determinado período de tiempo. Si te sigue pareciendo difícil comprender el concepto de coherencia, piensa que se parece a resonancia, a estar sincronizado o alineado.

En organismos complejos como el del ser humano se produce una considerable cantidad de actividades fisiológicas que deben funcionar en armonía, coordinación y sincronización. Muchos sistemas internos como el ADN, las enzimas, las células, los órganos y las glándulas parecen funcionar de forma independiente porque hacen cosas distintas en momentos distintos. Sin embargo, todos comparten una danza coordinada y sincronizada. De no ser así, se establecería una batalla campal entre los distintos órganos en lugar de una armoniosa y coordinada federación de distintas funciones corporales. De hecho, se considera que este tipo de «coherencia» es la cualidad que hace posible la vida.[1]

Varios neurocientíficos sugieren que la calidad y estabilidad de los sentimientos y las emociones que experimentamos dependen del grado de armonía, resonancia y coherencia que predomine en los procesos internos del cuerpo. Los sentimientos que consideramos «positivos» son un reflejo de un sistema coherente, la eficacia de cuyo funcionamiento es directamente proporcional a la fluidez y facilidad con que se desarrollan sus procesos. En cambio, unos modelos de actividad cerebral y nerviosa irregulares y discordantes denotan un organismo incoherente cuyos procesos vitales se caracterizan por la tensión. Por regla general, dicha actividad incoherente suele traducirse en sensaciones de inquietud y en problemas tales como inestabilidad, frustración, ansiedad, agobio, impaciencia, etcétera.[2]

Pero el concepto de coherencia no solo se utiliza para describir el nivel de armonía en el funcionamiento del cuerpo, de fluidez y bienestar mental y emocional, así como de eficacia en nuestras palabras y acciones, sino también en el ámbito social. La coherencia social se traduce en relaciones estables y armoniosas en un grupo (familia, equipo, red social, organización, etcétera) que permiten que la energía y la comunicación fluyan y sean efectivas, todo lo cual es

---

1. Ho, M. W., *The Rainbow and the Worm: The Physics of Organisms*, Singapore, World Scientific Publishing Co, 2005.
2. Damasio, A., *Looking for Spinoza: Joy, Sorrow, and the Feeling Brain*, Orlando, Harcourt, 2003.

de gran necesidad para que predomine la cohesión en el grupo y éste actúe de forma sincronizada.

Cuando todo se sincroniza, rige la coherencia entre las distintas partes y tenemos más posibilidades de lograr los resultados deseados. Cuando las relaciones entre los componentes de un grupo son discordantes y su organización social es incoherente, no sólo es imposible obtener un rendimiento óptimo sino que lo más posible es que predominen la inestabilidad y las disfunciones. En HeartMath hemos analizado muy detalladamente la coherencia personal y social, además de la forma en que la coherencia cardíaca facilita el desarrollo de mecanismos de coherencia personal y social a nivel fisiológico, un breve resumen de todo lo cual ofrecemos a continuación.

Coherencia cardíaca

En fisiología, se entiende por coherencia un estado determinado que refleja un grado elevado de armonía y estabilidad en los sistemas superiores de control cerebral; una mayor sincronización entre el corazón y el cerebro, así como en la actividad de las dos ramas del sistema nervioso autónomo (SNA); y una tendencia generalizada del equilibrio autónomo hacia una mayor actividad parasimpática (también denominado «tono» o «actividad vagal»). Este estado fisiológico, también conocido como de coherencia cardíaca, dado que su principal causante es el corazón, se corresponde con un mayor equilibrio y estabilidad emocional, más intuición y mejores funciones mentales (capacidad de concentración, memoria, reflejos, coordinación, etcétera).

Como ya se ha mencionado en el capítulo 2, las investigaciones han revelado asimismo que el órgano del corazón posee su propio sistema nervioso, que en neurocardiología se denomina «inervación del corazón» y recibe el apodo de «el cerebro del corazón».[3]

---

3. Armour, J. A., «Potential clinical relevance of the 'little brain' on the mammalian heart». *Exp Physiol*, 2008, 93(2): 165-176.

Las investigaciones sobre la estructura y las funciones de dicho cerebro del corazón han facilitado en gran medida las de Heart-Math porque aportan los detalles anatómicos de cómo se comunican constantemente entre sí el cerebro y el corazón, y además permiten explicar los resultados de los estudios que han demostrado que la actividad del corazón influye en los centros cerebrales relacionados con la percepción, la capacidad cognitiva y la experiencia emocional.[4,5,6,7] El denominado análisis de la variabilidad de la frecuencia cardíaca es una importante herramienta que, tanto para nosotros como para los demás investigadores, constituye una manera de comprender la comunicación entre el cerebro y el corazón, y la actividad del SNA.

Variabilidad de la frecuencia cardíaca

La coherencia cardíaca puede medirse analizando la variabilidad de la frecuencia cardíaca. Vamos a ver en qué consiste. Todos sabemos que la frecuencia cardíaca es la cantidad de veces que el corazón late durante un minuto, lo cual se mide en pulsaciones por minuto (PPM). La variabilidad de la frecuencia cardíaca (VFC) se refiere a las variaciones de tiempo que se producen de forma natural entre cada uno de los pares de pulsaciones (*véase* Figura 1).

Dicha variación entre pulsaciones es la que crea los ritmos del corazón y, al analizarla más detalladamente, vemos que éstos siguen

4. Velden, M. y M. Juris, «Perceptual performance as a function of intra-cycle cardiac activity». *Psy-chophysiology*, 1975, 12(6): 685-692.

5. Lacey, J. I. y B. C. Lacey, «Two-way communication between the heart and the brain: Significance of time within the cardiac cycle». *American Psychologist*, 1978 (febrero): 99-113.

6. McCraty, R., Atkinson, M., Tomasino, D., y Bradley, R. T, The coherent heart: Heartbrain interactions, psychophysiological coherence, and the emergence of system-wide order. *Integral Review*, 2009, 5(2): 10-115.

7. McCraty, R. F. Shaffer, Heart Rate Varia-bility: «New Perspectives on Physiological Mechanisms, Assessment of Self-Regulatory Capacity, and Health Risk». *Glob Adv Health Med*, 2015, 4(1): 46-61.

una serie de modelos que se repiten. Gran parte de esta variabilidad se produce de forma natural y se debe a que el órgano del corazón y el cerebro están conectados a través del SNA. Esta variabilidad se produce constantemente, incluso cuando dormimos o descansamos.

Aunque en el pasado se creía que una frecuencia cardíaca mantenida, en la que no variaba el tiempo entre cada pulsación, era indicativa de un buen estado de salud, hoy en día se sabe que lo bueno es justamente lo contrario: ¡Una gran variabilidad es un marcador de buena salud! De hecho, muchos estudios han demostrado que un nivel óptimo de variabilidad se relaciona con una actitud de flexibilidad y adaptabilidad a los cambios que se producen en nuestras situaciones sociales y a los retos de la vida, tanto los grandes como los pequeños.[7,8,9,10] Se considera que la cantidad de VFC que tengamos es una medida de nuestra salud, nuestra resiliencia y nuestro bienestar general.

La cantidad de VFC que tengamos durante un período de 24 horas varía con la edad. La gente más joven tiene niveles de variabilidad más altos que la gente mayor.[11] En sujetos entre 20 y 30 años de edad, la frecuencia cardíaca suele variar unas 20 pulsaciones por minuto (PPM), mientras que en una persona de 70 o más años la variabilidad suele ser inferior a 10 PPM. En el gráfico inferior de la Figura 2 podemos ver que la frecuencia cardíaca varía entre 60 y

8. Cameron, 0. G., *Visceral Sensory Neuroscience: Interception*, Nueva York, Oxford University Press, 2002.

9. Segerstrom, S. C. y L. S. Nes, «Heart rate variability reflects self-regulatory strength, effort, and fatigue». *Psycho! Sci*, 2007, 18(3): 275-281.

10. McCraty, R. y M. Zayas, «Cardiac coherence, self-regulation, autonomic stability, and psychosocial well-being». Frontiers in Psychology, 2014, 5(septiembre), pp. 1-1 3.

11. Umetani, K., et al., «Twenty-four hour time domain heart rate variability and heart rate: relations to age and gender over nine decades». *J Am Coll Cardiol*, 1998, 31(3): 593-601.

unas 80 PPM, mientras que el valor medio de frecuencia cardíaca es de unas 70 PPM. Tener unos rangos o unas cifras de VFC inferiores a lo normal para la edad que se tenga es indicativo de futuros problemas de salud y se corresponde con gran cantidad de patologías.

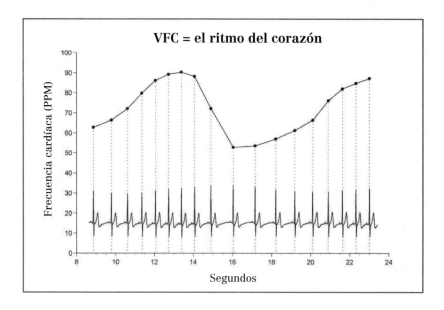

Figura 1. Este gráfico nos ofrece un ejemplo de los cambios entre pulsaciones que se han producido en un lapso de 24 segundos. La línea inferior corresponde al ECG, mientras que los puntos de la línea superior indican la frecuencia cardíaca en un instante determinado. La línea que conecta los puntos entre sí constituye el modelo de frecuencia cardíaca. Cuando un segmento de dicha línea es ascendente quiere decir que se produce un aumento de pulsaciones, esto es, que el corazón late más rápido (menos tiempo entre las pulsaciones), mientras que si es descendente representa una disminución de las pulsaciones (más tiempo entre las pulsaciones).

De todos es sabido que nuestras percepciones y emociones pueden alterar la actividad de nuestro sistema nervioso, lo cual afecta al corazón, como cuando alguien nos da un susto y notamos que se nos acelera el pulso. Pero lo que no todo el mundo sabe es que las señales que el corazón le envía al cerebro llegan hasta las zonas superiores de éste y pueden influir intensamente en nuestras funciones mentales superiores. Por ejemplo, las señales del corazón influyen en la actividad del córtex, esa parte del cerebro que rige nuestra capacidad de pensar y razonar. Se puede comparar la VFC con una especie de complejo código Morse mediante el cual el corazón se comunica con el cerebro y el resto del cuerpo.

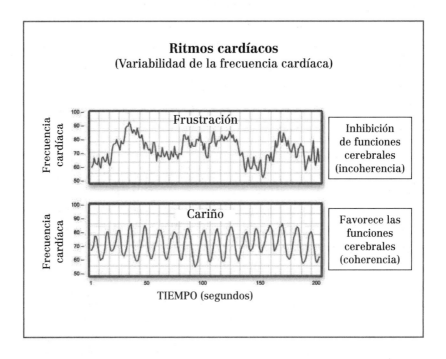

Figura 2. Los dos registros de ritmos cardíacos de estos gráficos pertenecen a la misma persona y fueron tomados con unos instantes de separación. Sentimientos como la frustración, la impaciencia o la ansiedad se traducen en una línea incoherente de frecuencia cardíaca (gráfica de arriba). En la gráfica de abajo, se observa que se produjo rápidamente una frecuencia cardíaca coherente cuando el sujeto utilizó la técnica Quick Coherence de HeartMath y activó un sentimiento de cariño.

Por regla general, sentimientos regeneradores como la gratitud, el interés por los demás, la compasión o la amabilidad suelen producir ritmos cardíacos coherentes.

A principios de los años noventa, realizamos en nuestro laboratorio unos estudios sobre la correspondencia entre modelos de actividad corporal y distintos estados emocionales. Medimos los niveles hormonales, los marcadores del sistema inmune, las ondas cerebrales, la conductancia cutánea, la actividad muscular y, obviamente, hicimos electrocardiogramas (ECG).[12,13,14,15] En aquella época existían muy pocas publicaciones sobre las emociones positivas. Nosotros conseguimos observar que las emociones, ya fueran positivas o negativas, se reflejaban en los tipos de frecuencias cardíacas a base de mucho trabajo de prueba y error, y gracias a algunos sujetos dispuestos a colaborar así como a las indicaciones de Doc de que las personas se concentraran en el corazón y evocaran sentimientos positivos y de afecto como el cariño y la compasión. Según la información que poseemos, cuando conseguimos publicar nuestros estudios en el *American Journal of Cardiology*, era la primera vez que se relacionaban los estados emocionales con modelos de VFC.[16]

Otro importante hallazgo fue que los cambios en los modelos rítmicos del corazón no se correspondían con la frecuencia cardíaca (la cantidad de pulsaciones que tenemos por minuto). De hecho, se pueden encontrar modelos de VFC coherentes o incoherentes a frecuencias cardíacas tanto altas como bajas. Dicho de otro modo, lo que refleja nuestro estado emocional y el grado de sincronía de los distintos sistemas de nuestro organismo, incluido

12. McCraty, R., *et al.*, «Music enhances the effect of positive emotional states on salivary IgA». *Stress Medicine*, 1996, 12(3): 167-175.

13. McCraty, R., M. Atkinson, y W. A. Tiller, «New electrophysiological correlates associated with intentional heart focus». *Subtle Energies*, 1995, 4(3): 25 1-268.

14. McCraty, R., *et al.*, «The impact of a new emotional self-management program on stress, emotions, heart rate variability, DHEA and cortisol». *Integr Physiol Behav Sci*, 1998. 33(2): 151-170.

15. Tiller, W. A., R. McCraty, y M. Atkinson, «Cardiac coherence: a new, noninvasive measure of autonomic nervous system order». *Altern Ther Health Med*, 1996, 2(1): 52-65.

16. McCraty, R, *et al.*, «The effects of emotions on short-term power spectrum analysis of heart rate variability». *Am J Cardiol*, 1995, 76(14): p. 1089-1093.

el cerebro, es el patrón de cambio o el ritmo al que cambia nuestra frecuencia cardíaca pulsación a pulsación, más que la frecuencia cardíaca en sí.

Esto significa que, desde un punto de vista fisiológico, un estado de coherencia cardíaca es fundamentalmente distinto de un estado de relajación, el cual requiere de una frecuencia cardíaca baja y no necesariamente de un ritmo coherente. Cuando tenemos la VFC en coherencia es porque hay una mayor sincronización y coherencia en los centros cerebrales superiores así como en la actividad de las dos ramas del sistema nervioso autónomo.

Cuando se observa un patrón de VFC desordenado y en forma de picos de sierra, como en el caso de la gráfica de la Figura 2, se denomina «ondas incoherentes». Descubrimos que, cuando las personas sienten emociones sinceras y regenerativas, como pueden ser el amor, el cariño o la compasión, su ritmo cardíaco muestra automáticamente más coherencia. En cambio, cuando experimentan alguna sensación estresante como puede ser ansiedad, miedo o preocupaciones, se generan modelos de ritmo cardíaco incoherentes.[16]

Sin embargo, los modelos de VFC más tipo sinusoide, como es el caso de la gráfica inferior de la Figura 2, se denominan «ondas coherentes». En un lenguaje más técnico, la coherencia fisiológica (también llamada coherencia o resonancia cardíaca) se produce cuando el patrón de VFC adopta la forma de una onda sinusoide y oscila a una frecuencia de unos 0,1 Hz (a un ritmo de 10 segundos), la cual es la frecuencia natural de resonancia en el sistema de comunicación entre el cerebro y el corazón.

Beneficios de la coherencia

Gracias a nuestras constantes investigaciones, descubrimos que en el cuerpo se producen muchas cosas beneficiosas cuando se está en un estado de mayor coherencia. Básicamente, dado que el corazón es el oscilador biológico más potente de todo el cuerpo, se incrementa la amplitud o cantidad de VFC cuando los ritmos del corazón «sintonizan» con la frecuencia natural de resonancia del sistema de comunicación entre el cerebro y el corazón (por ejemplo, en un estado de coherencia), momento en el que el ritmo cardíaco puede tirar de otros sistemas oscilatorios para que se sincronicen con él –incluidos el ritmo de la respiración y los ritmos de la tensión arterial (que también varían con cada pulsación)–. Al mismo tiempo, las ondas cerebrales, tales como las alfa, se sincronizan más con el corazón, todo lo cual se traduce en una mayor sincronización y resonancia de todo el cuerpo.[16] Se ha observado que basta con permanecer un par de minutos en este estado de coherencia cardíaca para que la tensión arterial disminuya una media de 10 puntos en personas hipertensas.[17] A nivel psicológico, al estar en un estado de coherencia se experimenta una clara disminución del «ruido» interior que genera el fluir normal de la actividad desordenada a nivel mental y emocional; y se tiene una mayor sensación de armonía y sincronía, así como una mayor conexión con la intuición del corazón o voz interior. ¿Has notado que, cuando estás de mal humor, es más fácil que hagas o digas algo de lo que, más tarde, te arrepientes? Pues eso es porque sensaciones como la ansiedad, las preocupaciones o el miedo crean un tipo de incoherencia en el cerebro y en el sistema nervioso que se traducen en lo que se denomina «inhibición a nivel cortical», por el cual perdemos algo de capacidad de percibir las consecuencias que nuestras reacciones o palabras puedan tener en el futuro como, por ejemplo, crearnos estrés, agotarnos la energía y malgastar el tiempo. ¡En otras palabras, perdemos la facultad de prever por que se nos desconectan las funciones mentales superiores![6,7]

---

17. Alabdulgader, A., Coherence: «A Novel Non-pharmacological Modality for Lowering Blood Pressure in Hypertensive Patients». *Global Advances in Health and Medicine,* 2012, I (2): 54-62.

Cada vez son más los estudios científicos que demuestran que tenemos la capacidad de «hacernos cargo» de cómo reaccionamos a cada momento. Disponemos de la capacidad de aprender a gestionar mejor nuestros pensamientos y sentimientos, lo cual evita y reduce la cantidad de reacciones estresantes. Esto se consigue aprendiendo a establecernos, a voluntad, en un estado de coherencia cardíaca justo cuando nos entre la agitación.[10,18,19] De esta forma, al sincronizarse el cerebro con el corazón, se produce una «facilitación en el córtex» que incrementa nuestras capacidades superiores como la claridad mental y el discernimiento intuitivo –la inteligencia del corazón. Al conseguir una mayor coherencia en el ritmo cardíaco también aumentan la flexibilidad emocional, la adaptabilidad, la memoria y nuestra capacidad de concentración.[6,20] Al aprender a autogestionar nuestro consumo de energía mental y emocional, y nuestras reacciones, obtenemos una mayor resiliencia, y nuestra salud y bienestar general pueden mejorar con relativa rapidez. Una técnica de autogestión que podemos utilizar para disfrutar de unos ritmos cardíacos con mayor coherencia se denomina Técnica Quick Coherence®. Según el testimonio de muchas personas, esta técnica que consiste en enfocarse, durante un minuto, en la zona del corazón al respirar y en transformar las emociones, les ha ayudado a recuperarse rápida y eficazmente de situaciones complicadas en la vida. Compruébalo por ti mismo y sé tu propio investigador científico.

18. McCraty, R. y M. Atkinson, «Resilence Training Program Reduces Physiological and Psychological Stress in Police Officers. *Global Advances in Health and Medicine,* 2012, 1(5): 44-66.

19. Ginsberg, J.P., Berry, M. E., Powell, D. A., «Cardiac Coherence and PTSD in Combat Veterans». *Alternative Therapies in Health and Medicine,* 2010, 16(4): 52-60.

20. Lloyd, A., Brett, D., Wesnes, K., «Coherence Training Improves Cognitive Functions and Behavior in Children with ADHD», *Alternative Therapies in Health and Medicine,* 2010, 16(4): 34-42.

Técnica Quick Coherence®

Paso 1: enfoca tu atención en la zona del corazón. Imagina que, al respirar, el aire te entra y te sale del corazón o del pecho. Respira un poco más despacio y más hondo de lo normal.

Sugerencia: inspirar 5 segundos, espirar 5 segundos (o al ritmo que te resulte cómodo). Al enfocar nuestra atención en la zona del corazón resulta más fácil centrarnos y entrar en coherencia.

Paso 2: intenta, con toda sinceridad, generar un sentimiento regenerativo como, por ejemplo, cariño o dedicación por alguien o por algo de tu vida.

Sugerencia: intenta reproducir lo que sientas por alguien a quien quieras, o por tu mascota, por algún lugar en especial, por algo que hayas conseguido, etcétera, o concéntrate en un sentimiento de tranquilidad o de bienestar.

Establecer un nuevo punto de referencia

El órgano del corazón se conecta, a través de una vía neuronal directa, con el cuerpo amigdalino, una zona del cerebro clave para el procesamiento de las emociones. Tanto es así que las células del núcleo de la amígdala se sincronizan con el pulso. Dicho de otra forma, el patrón del ritmo cardíaco le aporta a la amígdala una información de gran importancia para identificar nuestro estado emocional. Dicho cuerpo amigdalino puede determinar que un ritmo cardíaco incoherente se corresponde con un sentimiento de rabia, de ansiedad o de cualquier otra sensación de estrés, mientras que a los ritmos coherentes los interpreta como señal de que todo está bien. Sin embargo, para que este proceso funcione correctamente, la amígdala necesita un punto de referencia o una línea de base con la que comparar las señales que le envíe el corazón. Por ejemplo, si sentimos ansiedad con frecuencia, dicha sensación se nos puede convertir en un patrón familiar (punto de referencia) y consideraremos normal sentirnos así.

De este modo es cómo nos habituamos al estrés pero, con la práctica de establecernos en un estado de coherencia cardíaca, podemos reprogramar todos esos modelos emocionales que nos resultan tan familiares pero que no son nada productivos como, por ejemplo, enfadarnos, reaccionar con brusquedad, la ansiedad, la crítica, etcétera. Asimismo, este estado favorece una mayor asimilación celular de los modelos nuevos y beneficiosos fomentados por nuestra intención consciente gracias a la sincronización armónica entre el corazón, la mente, los sentimientos y el cuerpo que aporta la coherencia.

Se puede aprender a mantener la coherencia durante períodos prolongados como, por ejemplo, la meditación, para conseguir establecer en la amígdala unos nuevos modelos más sanos con más rapidez. Si no se establece un nuevo punto de referencia, resulta casi imposible mantener el cambio psicológico o conductual que se desee. Al aumentar la sintonía y coherencia entre el corazón, la mente y los sentimientos, reforzamos nuestra capacidad de cambiar dichas conductas y hábitos inefectivos que desde hace tiempo nos impiden acceder a nuestro potencial superior y convertirnos en quien realmente somos.

Apoyo tecnológico para generar coherencia

También descubrimos que, al formar a las personas para que vieran los modelos de VFC en tiempo real, se obtenía una clara demostración de cómo sentimientos (la frustración, la impaciencia...) afectan a la actividad de nuestro sistema nervioso, y lo fácil que resulta cambiar rápidamente a un estado de coherencia cuando hemos aprendido a hacerlo. Los componentes del equipo de HeartMath, que ya realizaban talleres de formación en hospitales, escuelas y empresas, no tardaron mucho en proponerse incluir una «*demo* en directo» de sus programas. Aunque dichas demostraciones en directo fueron todo un éxito, el aparataje resultaba engorroso, a los sujetos había que engancharles los electrodos en el pecho y nuestros formadores tenían que transportar todo este caro equipo de laboratorio en una maleta con acolchamiento especial.

Resultó evidente que el hecho de que uno mismo pudiera ver cómo le cambiaban los modelos de ritmo cardíaco antes y después de usar la técnica de HeartMath para establecerse en un estado de coherencia constituía todo un hito para la mayoría de los sujetos y les servía, en gran medida, para aprender a practicar las técnicas de coherencia. Por ello, decidimos intentar crear un aparato de *feedback* de coherencia de VFC que no fuera muy costoso y que cualquiera pudiera usar en su vida diaria, para lo cual también teníamos que diseñar una forma de cuantificar o medir los estados de coherencia e incoherencia. Nos costó cierto tiempo, muchas pruebas y aprender de nuestros errores pero, finalmente, conseguimos evaluar distintos niveles de coherencia, lo cual constituyó un importante paso adelante en nuestro intento de crear un aparato para desarrollar coherencia de fácil uso para cualquier persona. Gracias a la colaboración de todo un equipo de especialistas en *software* y *hardware*, en 1999 conseguimos crear el primer aparato de *feedback* de VFC de fácil utilización, al cual le pusimos el nombre de Freeze-Framer (por la técnica Freeze Frame® que enseñamos en nuestros talleres de formación). Doc se encargó de dirigir el diseño de unos juegos interactivos cortos y sencillos que son controlados por el estado emocional o nivel de coherencia del sujeto con el fin de que los talleres de coherencia resultaran tan divertidos para adolescentes como para adultos. En aquella época no teníamos ni idea de que estábamos iniciando lo que, más adelante, se convertiría en toda una industria. Al principio no sabíamos si a alguien le interesaría comprar ese software y esos sensores pero, afortunadamente, en poco tiempo, el Freeze-Framer se convirtió en todo un éxito tanto en el sector del *biofeedback* como entre muchos profesionales de la salud, ejecutivos, jugadores de golf e incluso profesores que lo usaban en las aulas. A los pocos años le cambiamos el nombre, y pasó a llamarse emWave. También desarrollamos una versión portátil. Más recientemente hemos diseñado una versión denominada Inner Balance Trainer para iOS (iPhone, iPod y iPad).

Actualmente se cuentan en cientos de miles las personas que utilizan esta tecnología al practicar tanto las técnicas de HeartMath como de otro tipo para incrementar sus niveles de coherencia de ritmo cardíaco. El *feedback* a tiempo real ha demostrado ser de gran utilidad para que las personas aprendan a mantener estados de coherencia de forma prolongada y, así, disfrutar de los efectos de dicha sincronización durante sus actividades cotidianas. Al mantener la coherencia, resulta más fácil establecer nuevos puntos de referencia a base de *resetear* progresivamente los ritmos cardíacos para mantenerlos en estados de coherencia y resonancia. Muchas de las personas que utilizan esta tecnología mientras hacen meditación me han comentado que, al usar el *feedback* de sus niveles de coherencia, les resulta más fácil entrar en estados de meditación, además de indicarles cuándo se han desconcentrado, para así poder volverse a centrar en dicho estado de coherencia cardíaca. Personalmente, he observado que esta técnica de *feedback* de coherencia es especialmente útil para que las personas consigan aminorar la vibración a nivel mental/emocional con el fin de que todos los componentes del organismo funcionen con mayor sincronía, y que también disfruten de una mejor conexión con su propia capacidad intuitiva.

El poder de un corazón en coherencia

Aunque sólo se realice durante unos pocos minutos al día, la práctica de la coherencia cardíaca aporta muchos beneficios. Como ya hemos mencionado, los efectos del estado de coherencia se trasladan también al resto de nuestra vida,[6] lo cual significa que, si le dedicamos unos pocos minutos a establecernos en estados de coherencia antes de afrontar situaciones de estrés (antes de una reunión importante o de una conversación complicada con algún cliente o compañero de trabajo), tendremos más posibilidades de mantenernos equilibrados y serenos interiormente.

Puede que a veces, cuando estamos sentados tranquilamente con el corazón en estado de coherencia, nos dé la sensación de que no sucede nada. Sin embargo, a nivel fisiológico sí que están pasando muchas cosas. Cuando estamos en estado de coherencia, nuestro sistema nervioso está más sincronizado, se reequilibran los sistemas hormonal e inmune, y la mente y las emociones conectan mejor con nuestro espíritu, todo lo cual incrementa la resiliencia de nuestro organismo.

Asimismo, a medida que nuestro punto de referencia sube de nivel, también se ven beneficiados nuestros compañeros de trabajo, nuestra familia, nuestras amistades y muchas más personas. Gracias a nuestras investigaciones sabemos ahora que la coherencia cardíaca no es un estado de inercia sino que abarca, influye y favorece a los demás de muchas maneras además de traducirse también en coherencia social. Al crear un punto de referencia sano mediante la coherencia cardíaca, tanto a nivel individual como colectivo, podemos conectar mejor a nivel intuitivo, lo cual nos aporta mayor fluidez en la vida, nos ayuda a realizar los cambios conductuales que deseemos y nos permite encontrar nuevas soluciones a los retos que se nos planteen tanto a nivel individual como social.

CAPÍTULO 5

COHERENCIA SOCIAL

por Howard Martin

Recuerdo que de joven, en los años setenta, me fui en coche desde Virginia del Norte hasta Washington D. C., y por todas partes había edificios altos de viviendas que se extendían a lo largo de muchos kilómetros. Al pensar en la gente que los habitaba, me pregunté, al igual que muchas otras personas: «¿Cómo podría semejante cantidad de adultos y niños desarrollar una nueva conciencia o nueva forma de pensar para encontrar una solución a la cantidad cada vez mayor de problemas personales y sociales?». Aunque yo ya sabía que muchas personas cambian para mejor al madurar y, con frecuencia, a base de probar y equivocarse en «la dura escuela de la vida», dicho proceso de crecimiento es demasiado lento como para poder afrontar los retos cada vez mayores que se le plantean a nuestro mundo. Mientras atravesaba ese mar de edificios, me pregunté también: «¿Qué pasaría si los cambios positivos que cada uno hace para sí mismo sirvieran para crear un campo generalizado de conciencia del que todos nos pudiéramos servir para cocrear nuestra realidad? ¿Existirá alguna forma de aportar algo a ese campo para que a los demás les resulte más fácil realizar esos cambios?». En aquellos tiempos yo carecía de los conocimientos científicos necesarios para determinar si mi sensación era correcta pero, actualmente, dispongo ya de una enorme base de datos.

El campo energético

Damos un salto en el tiempo hasta veinte años más tarde. Para mí fue toda una confirmación cuando los científicos de HeartMath descubrieron, en 1996, que, cuando un individuo está en un estado de coherencia cardíaca, su corazón proyecta en su entorno una señal electromagnética coherente que puede ser detectada por el sistema nervioso de las demás personas e incluso de animales. No me sorprendió leer que el corazón es el órgano que genera el campo electromagnético más potente, aproximadamente 100 veces más fuerte que el del cerebro, y que se puede detectar a varios metros de distancia con unos magnetómetros de alta sensibilidad. Dicho campo constituye el mecanismo convincente para aportar una explicación de cómo conseguimos «sentir» la presencia y el estado emocional de otra persona con independencia de su lenguaje corporal y de otros factores.[1]

Pero lo que me convenció aún más fue un estudio posterior en el que se analizaba si los sujetos con experiencia en coherencia cardíaca eran capaces de transmitir esa energía a otras personas que estuvieran cerca pero sin llegar a tocarse físicamente. El experimento demostró que, efectivamente, individuos sin experiencia entraban coherencia cardíaca gracias a la influencia de otros que ya tenían experiencia. Asimismo, se demostró también que se producía coherencia social, es decir, sincronización del ritmo cardíaco entre individuos.[2] A continuación resumimos brevemente los resultados de dicho experimento:

Se sentó a los cuarenta sujetos en torno a diez mesas de juego, a razón de cuatro por cada mesa, tres de los cuales sabían practicar las técnicas de coherencia de HeartMath y el cuarto no. Todos los par-

---

1. McCraty, R., «The Energetic Heart: Biomagnetic Communication Within and Between People», en *Bioelectromagnetic and Subtle Energy Medicine*, 2.ª ed., P. J. Rosch, ed., 2015.
2. Morris, S. M., «Facilitating collective coherence: Group Effects on Heart Rate Variability Coherence and Heart Rhythm Synchronization». *Alternative Therapies in Health and Medicine*, 2010, 16(4): 62-72.

ticipantes estaban conectados a equipos de medición del ritmo cardíaco. A los tres sujetos de cada mesa con experiencia en las técnicas de HeartMath se les dijo que practicaran la técnica Heart Lock-In para aumentar la coherencia e irradiar/transmitir, en silencio, sentimientos positivos al sujeto sin experiencia, el cual tan sólo tenía que permanecer tranquilamente sentado. Se observó que, cuando los tres sujetos experimentados mantenían un alto nivel de coherencia, en el cuarto se reproducía ese mismo estado. Era como si el sujeto sin experiencia hubiera sido transportado a un estado de coherencia cardíaca. Además, se observó una relación estadística entre dicha sincronización y una sensación de conexión emocional entre los cuatro sujetos. Los autores del estudio concluyeron que: «Se detectó una evidente sincronización corazón a corazón entre los sujetos, lo cual aporta credibilidad a la posibilidad de que se entablen biocomunicaciones de corazón a corazón».

Una sociedad más coherente

En terminología de las ciencias sociales, la coherencia social se manifiesta en forma de relaciones estables, armoniosas y en sintonía, que facilitan que la energía y la comunicación fluyan de forma eficaz. La coherencia social se puede extender a la familia, grupos o entidades en las que existe una red de relaciones entre los individuos. Para ello se necesita que sus componentes estén en sintonía y en sincronía emocional, así como que la gestión de la energía del grupo se base en el cuidado mutuo y no en las amenazas ni en la fuerza de terceros. Por ejemplo, en un equipo coherente, los individuos pueden actuar y desarrollarse libremente al tiempo que conservan la cohesión y resonancia con el propósito y los objetivos del grupo.[3]

---

3. McCraty, R., Childre, D, Coherence: «Bridging Personal, Social and Global Health». *Alternative Therapies in Health and Medicine*, 2010, 16(4): 10-24.

Actualmente, comprender la dinámica social de la energía constituye un campo de gran interés para muchos investigadores. El sociólogo Raymond Bradley, en colaboración con el neurocientífico Karl Pribram, han desarrollado una teoría general de la comunicación social que explica qué modelos de organización social son comunes a la mayoría de grupos, y han descubierto que la mayor parte de grupos más activos poseen una organización global así como una red coherente de relaciones de energía emocional por la que se interconectan prácticamente todos sus componentes. También han observado que se necesita energía positiva para que un sistema entre en un modo de mayor coherencia así como que la clave para crear grupos estables y coherentes está vinculada a un aumento de las emociones positivas y a la disolución de tensiones emocionales negativas, conflictos interpersonales y demás factores de estrés tanto en como entre los componentes del grupo.[4]

Un número cada vez mayor de pruebas sugiere que puede establecerse un campo de energía entre los componentes de un grupo a través del cual se realiza la comunicación entre dichos sujetos. Dicho de otra manera, existe literalmente un «campo» grupal en el que se interconectan todos los componentes del grupo. Cuanto mayor sea la cantidad de componentes de un grupo (equipo deportivo, compañeros de trabajo, alumnos de un aula, grupo social, etcétera) que aumenta su nivel de coherencia cardíaca, mayor será el nivel de coherencia social en el grupo y más fácil les resultará alcanzar sus objetivos en armonía y con eficacia.[3]

En su ponencia titulada «Social Baseline Theory: The Role of Social Proximity in Emotion and Economy of Action»,[5] Dr. Lane

---

4. Bradley, R. T. y K. H. Pribram, «Communication and stability in social collectives». *Journal of Social and Evolutionary Systems*, 1998, 21(1): 29-80.

5. Teoría del referente social: el papel de la proximidad social en las emociones y la economía de la acción. *(N. del T.)*

Beckles y Dr. James A. Coa, de la Universidad de Virginia, documentan los beneficios de las interacciones con conexión emocional entre las personas.[6]

Me pareció especialmente fascinante un aspecto de su investigación que trata sobre cómo nuestra energía puede influir sobre las percepciones de los demás y viceversa:

> Las modificaciones de nuestra percepción sensorial producidas por el cerebro influyen sobre nuestra toma de decisiones con el fin de gestionar la energía con mayor eficacia.[7] Por ejemplo, cuando cargamos con una mochila pesada, las distancias nos parecen más largas y las cuestas más empinadas.[8] En un estudio más reciente realizado por Schnall, Harber, Stefanucci & Proffitt, a los sujetos las cuestas les parecían menos inclinadas si iban acompañados de un/a amigo/a.[9] Además, dicho efecto variaba también según la duración de la amistad –cuanto más antigua fuera la amistad, menos pronunciada resultaba la cuesta.

Básicamente lo que están diciendo es que nuestra percepción al subir una cuesta varía si estamos acompañados por alguien con quien tenemos resonancia emocional, y que cuanto más profunda sea dicha conexión, menos pronunciada nos parece la cuesta. Esto es algo que yo he observado en mí mismo también. La mayoría de los fines de semana salgo de excursión con un grupo de amigos por

6. Beckes, L. y J. A. Coan, «Social baseline theory: The role of social proximity in emotion and economy of action». *Social and Personality Psychology Compass,* 2011, 5(12): 976-988.

7. Riener, C. R., *et al.,* «An effect of mood on the perception of geographical slant». *Cognition and Emotion,* 2011, 25(1): 174-182.

8. Stefanucci, J. K., *et al.,* «Distances appear different on hills». *Percept Psychophys,* 2005, 67(6): 1052-1060.

9. Twedt, E., C. B. Hawkins, y D. Proffitt, «Perspective-taking changes perceived spatial layout». *Journal of Vision,* 2009, 9(8): 74-74.

las montañas de Santa Cruz, cuyas cuestas me parecen mucho más pronunciadas y la marcha me resulta mucho más pesada si voy solo. Mi conclusión de todo esto es que la vida resulta más fácil y nos cuesta menos alcanzar nuestros objetivos cuando tenemos relaciones que se basan en el corazón.

Quizás algunos se pregunten qué sucede con la coherencia negativa a nivel social. ¿Es que no se produce también mucha resonancia emocional en grupos o movimientos fanáticos que intentan dominar a los demás o imponerles sus creencias? Cuando el vínculo emocional de un grupo es el resultado de un deseo de infringir daño mental, emocional o físico en los demás, dichas intenciones de los componentes resuenan a un nivel vibratorio inferior que no involucra a la capacidad de discernimiento del corazón. Por naturaleza, la inteligencia del corazón es inclusiva y la coherencia cardíaca activa unos centros cerebrales superiores en donde se experimenta la compasión así como el deseo de ayudar a que los demás desarrollen sus capacidades superiores. La coherencia social favorece la aparición de una «inteligencia colectiva» que eleva el nivel vibratorio del campo energético tanto a nivel grupal como en el individual de sus componentes.

El Dr. C. Otto Scharmer, catedrático de la MIT Sloan School of Management, define la «inteligencia colectiva» como la transición de un «ego-sistema» a un «eco-sistema» que se produce cuando los grupos evolucionan y alcanzan un nivel superior de armonía y calidad. En su opinión, la «Teoría U» es la capacidad de las personas de trabajar juntas con «apertura mental, apertura emocional y apertura de voluntad». Joseph Jaworski y Jane Corbett, investigadores y seguidores de la Teoría U, hallaron que esto se puede reforzar utilizando herramientas de conciencia basadas en el corazón. Corbett escribe:

> La inteligencia colectiva puede activarse rápidamente para compartir revelaciones internas y cristalizar posibilidades futuras, incluso en situaciones en las que previamente uno estaba atascado, para,

seguidamente, ponernos a prototipar e insertar cambios de forma muy eficaz.[10]

En la sociedad actual suele existir una armonía a «nivel superficial» porque la gente es básicamente civilizada y cooperativa, lo cual es, obviamente, importante ya que nos ha permitido desarrollar una sociedad ordenada a nivel global. Sin embargo, en la mayoría de grupos, ya sean grandes o pequeños, es de comprender que muchos individuos sufran de ansiedad, frustración, juicios sesgados y prejuicios provenientes de los demás componentes del grupo o de otros grupos. Todas estas sensaciones, se verbalicen o no, se transmiten a nivel de la energía y crean separaciones y «cerrazón emocional», las cuales, a su vez, se traducen en problemas de comunicación, de relaciones así como de salud.[3]

Aunque, a medida que se acelera el cambio a nivel planetario, se incrementa la coherencia social, en muchos casos suele necesitarse de un acontecimiento extraordinario para que una multitud de individuos abran el corazón a nivel colectivo. Por ejemplo, con frecuencia se observa un aumento de la coherencia social después de alguna tragedia. Acontecimientos como las catástrofes naturales suelen abrir el corazón de las personas, unirlas y llevarlas a olvidarse de sus actitudes negativas para trabajar en colectividad por el bien del grupo. Pero entonces, con el paso del tiempo, al regresarse a la normalidad, ese espíritu de comunidad desencadenado por la catástrofe suele diluirse y la gente vuelve a sus costumbres y actitudes de referencia. Sin embargo, también es cierto que mucha gente queda impactada por lo que se consiguió alcanzar entre todos y, entonces, se forjan vínculos y amistades duraderas. ¿Qué es lo que implica

---

10. Corbett, J., «In the Field and at the Heart of Presencing: Connecting Inner Transformation in Leadership with Organisational and Societal Change, in Leadership for a Healthy World: Creative Social Change». En prensa, 2016.

todo esto? Que, cuando unos grupos de personas se esfuerzan por alcanzar una mayor coherencia cardíaca, impulsan también un cambio positivo y evolutivo que permitirá que la sociedad se reestructure a sí misma.

Surgimiento de la coherencia social

Otro indicador del surgimiento de una mayor coherencia social puede observarse en el hecho de que algunas grandes marcas han dejado de concentrar sus técnicas de *marketing* en sí mismas para enfocarse en cómo pueden aportar positividad al mundo. Me sorprendió realmente la cantidad de anuncios televisivos enfocados en la conexión emocional y en el interés por los demás que se proyectaron durante la Super Bowl de 2015.

Target®, una cadena de grandes almacenes, se benefició de una inesperada campaña publicitaria gracias a la amabilidad de uno de sus empleados cuando un adolescente entró en una de sus tiendas en busca de una corbata de clip porque tenía que presentarse a una entrevista de trabajo. El dependiente de Target no sólo le enseñó pacientemente al joven cómo ponerse su nueva corbata, sino también a dar la mano con profesionalidad así como a responder a determinadas preguntas. Ese momento de amabilidad sincera quedó registrado por las cámaras de seguridad y, al subirlo a la red, se hizo rápidamente viral. Además, encajaba perfectamente con el eslogan de Target: «Cuenta con más. Paga menos. Todos los días del año en Target®». Simon Mainwaring, gurú del *marketing* y autor de *We First*, comentó:

> No hay nada que tenga más repercusión hoy en día entre el público de las redes sociales que un acto de auténtica bondad humana. Si algo tenemos que sacar en claro de esta experiencia [de Target], es que una simple expresión de auténtica bondad resulta igual de atractiva que una campaña publicitaria multimillonaria, si no más.

Cada vez son más las compañías que optan por un tipo de *marketing* más orientado a los objetivos porque, hoy en día, tanto los *millennials* como otros tipos de consumidores se preocupan mucho por los objetivos sociales y la salud en general. Independientemente de cuáles sean los motivos de dichas compañías para intentar vender sus productos, cada vez más reconocen que los clientes quieren sentir una conexión, una concienciación y una amabilidad genuinas –y que todas estas cualidades del corazón son las tendencias que están emergiendo a nivel social–. Todos podemos beneficiarnos de esta concienciación que se está desarrollando. Aunque ni que decir tiene que aún queda mucho por hacer, también debe reconocerse los pasos que están dando dichas compañías así como los que estamos dando nosotros mismos para mejorar nuestra conducta personal.

El corazón del liderazgo

Algo que, hoy en día, está cobrando cada vez más popularidad en el sector laboral, aunque sin llegar a convertirse aún en un movimiento, consiste en adoptar un enfoque más emocional en los negocios. Lentamente se va aceptando que las personas (así como la contabilidad de la empresa) rinden más cuando trabajan en un entorno de respeto y reconocimiento que en uno de miedo y presión. Cada vez son más las personas que ya no se sienten simples empleados y que tienen ganas de convertirse en quienes son realmente. Son conscientes de la diferencia entre lo que han sido anteriormente y esa nueva persona que intentan ser y, por lo tanto, quieren seguir lo que les dicta el corazón. Tal y como dijo Steve Jobs en un discurso inaugural poco después de que le hubieran diagnosticado el cáncer: «Atreveos a hacerle caso a vuestro corazón y a vuestra intuición, porque ellos ya saben, de alguna forma, en qué os queréis convertir realmente, y todo lo demás es secundario».

Aunque vivimos unos tiempos extraordinarios desde el punto de vista de la innovación y la abertura que se están manifestando, muchos aspectos de las estructuras organizativas se mantienen muy disfuncionales, los efectos de lo cual se pueden observar y cuantificar en términos de unos galopantes gastos en sanidad, un aumento del absentismo laboral, una sensación de descontento en el trabajo y decisiones equivocadas. En la mayoría de entidades, a los líderes les resulta difícil determinar cómo llegar hasta donde quieren estar desde donde están.

Hemos observado que algunos de los beneficios inmediatos y prácticos de aumentar la coherencia en las entidades son: mejor gestión personal de las propias emociones; comunicación más auténtica; menos errores; aumento de productividad y energía; mayor creatividad e intuición; mejoría en la toma de decisiones; etcétera. Un ambiente de trabajo en el que las personas se mueven y fluyen con equilibrio y calidez, donde todos se tratan con compasión e interés genuinos, y donde se dispone de más inteligencia del corazón para afrontar los retos de la mejor forma posible para todo el colectivo, constituye un lugar de trabajo donde a uno le apetece pasarse ocho horas o más al día. En este mundo actual de cambios tan rápidos y permanente conectividad, jefes y empleados tienen que volverse más listos e intuitivos si quieren aprovechar al máximo su potencial. Un jefe de empresa con corazón no es un blando, sino una persona que sabe que tener un corazón fuerte resulta tan esencial como tener una mente clara.

James K. Clifton, presidente y consejero delegado de Gallup Organization, afirma que las empresas y entidades más exitosas pueden aprender a desarrollar un crecimiento sostenible si saben utilizar el poder emocional de las personas. Según él, aunque lo que las compañías han aprendido es a intentar obtener el máximo beneficio con el mínimo de gastos, tenemos que descubrir nuevas formas de gestionar la naturaleza humana para permitirla desarrollarse al máximo, lo cual pasa por comprender las emociones del ser humano.

En una ocasión, vi una entrevista que le hicieron por televisión a James Sinegal, consejero delegado de Costco®, cuando dejaba dicha compañía. Era la viva imagen del líder corporativo que insiste en la importancia de las emociones positivas en el trabajo, así como del cada vez más extendido cambio de actitud en el sector corporativo –hacia una mayor predominancia del corazón y de la coherencia social–. Sinegal era conocido por su insistencia en hacer de Costco un gran lugar de trabajo y, en la entrevista, se le veía cuando iba a visitar los distintos establecimientos y cómo hablaba con los empleados de todos los niveles con una actitud de cercanía y auténtico interés por ellos. Al final de la entrevista, cuando le preguntaron si habría cambios en Costco tras su partida, respondió que por supuesto que sí y que esperaba que se preservara la cultura corporativa que él había creado, a lo que añadió: «No es que la cultura sea lo más importante en los negocios. Es que es lo único que importa».

Los talleres de coherencia que ofrece HeartMath sirven para que las personas desarrollen una sintonía entre el corazón, la mente y las emociones, lo cual se traduce en un aumento de resiliencia y creatividad, en un mejor estado de salud así como en otros muchos resultados deseados por la mayoría de los individuos en general, de los profesionales de la salud y de las empresas. Al formarse en la coherencia cardíaca, tanto los individuos como los equipos, aprenden a desarrollar su capacidad de autogestión así como a utilizar la inteligencia intuitiva del corazón, lo cual les aporta beneficios casi inmediatos tanto a nivel de salud como de rendimiento. Las evaluaciones previas y a posteriori en las empresas confirman que, con una mayor coherencia tanto a nivel personal como social, mejora el rendimiento tanto a nivel individual como colectivo, lo cual facilita la creación de una cultura más sana. A continuación ofreceremos una serie de datos de metaanálisis procedentes de unos cuantos estudios como ilustración de las posibilidades que se abren gracias al aumento del número de grupos y entidades que comienzan a conectar mejor con la inteligencia del corazón.

N.º 1 - Cinco multinacionales

En un amplio estudio realizado en cinco multinacionales de Europa y Estados Unidos, se observaron unos importantes resultados de los talleres de coherencia. Los datos compuestos de las encuestas de evaluación pre y pospsicométricas realizadas entre una población de más de 5.700 sujetos, y que se presentan a continuación en los correspondientes gráficos, muestran que, en un período de tan sólo seis a nueve semanas, las prácticas de coherencia de Heart Math arrojaron los siguientes promedios en personas que afirmaron tener estos síntomas entre a menudo y siempre: disminución de fatiga en un 44 %; disminución de la ansiedad en un 52 %; disminución del mal humor en un 60 %; disminución de la depresión en un 60 %; mejora en el descanso nocturno en un 33 %. Asimismo, se hallaron mejoras similares en los siguientes aspectos de la salud entre los sujetos que afirmaron tener dichos síntomas entre a menudo y siempre: disminución de dolor corporal en un 44 %; disminución de los problemas digestivos en un 43 %; disminución de las palpitaciones en un 63 %; y disminución de la tensión muscular en un 44 %.

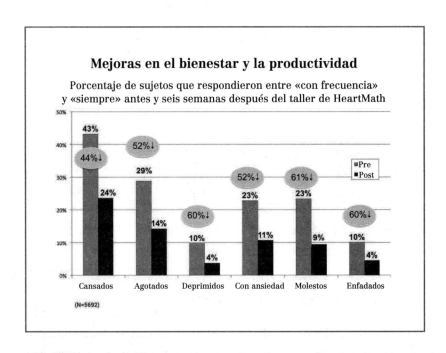

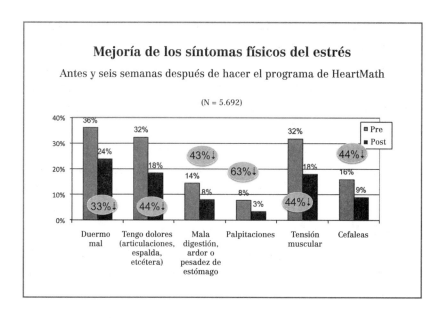

Mejoría de los síntomas físicos del estrés

Antes y seis semanas después de hacer el programa de HeartMath

(N = 5.692)

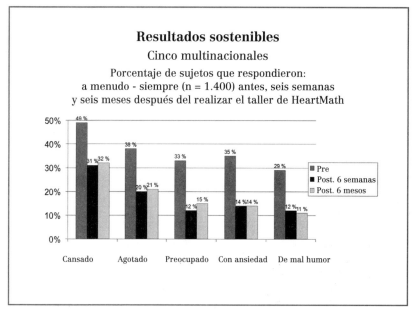

Resultados sostenibles

Cinco multinacionales

Porcentaje de sujetos que respondieron:
a menudo - siempre (n = 1.400) antes, seis semanas
y seis meses después del realizar el taller de HeartMath

En las evaluaciones realizadas al cabo de seis meses y de un año por parte de algunas de las empresas se observó que las mejoras se mantenían. Los sujetos afirmaron sentir una notable disminución de ansiedad laboral y de deseos de cambiar de trabajo. Lo que me pareció más interesante fue que uno de los gerentes de dichas compañías nos comentó que, aunque algunos empleados seguían practicando las técnicas que aprendieron, muchos otros las habían dejado (algo típico en cualquier taller de formación), pero las mejoras seguían produciéndose e incluían a todo el personal. Algunos de los gerentes o jefes comentaron que algo había cambiado en el ambiente en general como resultado del esfuerzo realizado por una parte del personal solamente, lo cual se traducía en que los demás también salían beneficiados.

Dicho intrigante resultado es una expresión del potencial de la coherencia social, tal y como comentamos en el estudio mencionado al principio de este capítulo en el que la coherencia del ritmo cardíaco de tres sujetos sentados alrededor de una mesa de juegos causaba un cambio inconsciente en la del cuarto sujeto. Esta posibilidad de que se produzca un efecto de multiplicación de la coherencia social resulta muy interesante para empresas que quieran desarrollar una cultura más sana y que se preocupe por el bienestar de sus empleados.

N.º 2 - Sistemas de salud

Los hospitales y las entidades sanitarias se han encontrado siempre entre los primeros en incorporar nuestros talleres, lo cual no es de sorprender, ya que el personal sanitario conoce muy bien la relación existente entre salud y gastos de la empresa. El siguiente gráfico nos muestra un metaanálisis antes y después del taller de HeartMath con más de 8.700 profesionales sanitarios procedentes de distintos sistemas de salud. Cabe destacar los cambios significativos observados en los estados emocionales y los síntomas de estrés de esta población.

Muchos de dichos hospitales computaron también el ahorro en gastos, algunos de los cuales llegaron a estimarlos en más de un millón de dólares al año gracias a la reducción de rotación de turnos y absentismo laboral, y llegaron a la conclusión de que, gracias al programa de HeartMath, el rendimiento del capital invertido se había multiplicado por diez. Cuando los gerentes y equipos directivos de los hospitales aprendieron las técnicas de HeartMath para superar el estrés y aumentar la resiliencia, también se produjo en todo el hospital un cambio hacia una actitud de mayor interés por el bienestar de los demás que, a su vez, mejoró el nivel de satisfacción de los pacientes. A continuación ofreceremos un ejemplo en concreto.

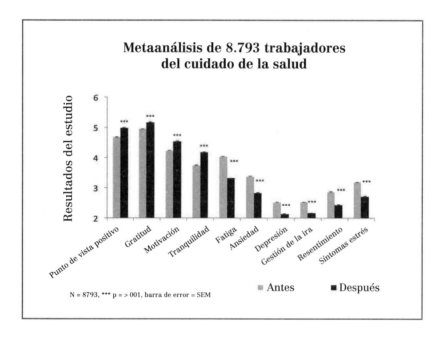

El Fairfield Medical Center, situado en la ciudad de Lancaster, en el estado de Ohio, decidió poner en práctica el programa de HeartMath en todos los niveles de la empresa con el fin de mejorar la calidad de vida de todo el personal así como la de la atención a los pacientes. Para poder cumplir con la misión social del Fairfield Medical Center a largo plazo («Convertirnos en un hospital de referencia que se preocupa por el bienestar de su personal laboral, de sus pacientes y de la sociedad»), el conjunto de sus más de 2.000 profesionales de la salud adoptaron el enfoque de HeartMath «para ofrecer a sus pacientes y a sus familiares una atención eficaz, segura, de calidad y con altos valores humanitarios». En el momento de escribir este capítulo, 1.120 de sus empleados han aprendido ya los métodos de HeartMath –aproximadamente un 54 % de la plantilla– y uno de los requisitos para todos los nuevos contratos es realizar nuestro taller.

Después de tres años de monitorización y evaluación, éstos son los resultados obtenidos en el Fairfield Medical Center gracias al programa de HeartMath:

- Las bajas de corta duración han disminuido un 57 % en comparación con los gastos por esta causa en el ejercicio fiscal anterior.
- En 2009 el hospital obtuvo el Platinum Fit Friendly Company Award[11] otorgado por la American Heart Association. En 2010 fue nombrado «Hospital de HeartMath» y le fue otorgado el premio Continuity of Care[12] de HeartMath.
- Según los resultados de una encuesta de satisfacción realizada entre sus trabajadores, los que habían hecho el taller de HeartMath expresaron sentirse más satisfechos con su trabajo que los que no lo habían hecho, además de mostrar menos síntomas de estrés físico y, en cambio, un aumento de la vitalidad, resiliencia e inteligencia emocional.

Cynthia Pearsall, jefa de enfermería del Fairfield Medical Center y formadora titulada de HeartMath, describe cómo funciona esto:

Cuando te sientes estresado, literalmente, puedes darle al botón en cualquier momento, en cualquier sitio, y entrar en la «zona sin estrés» al cambiar el mensaje instantáneo que el corazón le envía al cerebro a través del sistema nervioso. Todos los días empiezo con la técnica de HeartMath llamada «Heart Lock-In» para aprender a

---

11. Galardón de platino a la empresa de mayor apoyo a la buena forma física. *(N. del T.)*

12. Premio a una atención de calidad de forma sostenida. *(N. del T.)*

mantenerme más tiempo en un estado de coherencia, establecer un equilibrio y una sincronización entre el corazón y la mente, y para tener más resiliencia en los momentos de tensión que sé que van a producirse a lo largo del día. Incluso las reuniones las comienzo así, haciendo un Heart Lock-In de 90 segundos; y cuando veo que nos cuesta llegar a una conclusión como equipo, les pido a todos que hagan algunos ejercicios fáciles durante un par de minutos para conseguir coherencia y cambiar la energía en ese momento. Entonces, cuando reanudamos la reunión, conseguimos acordar una decisión. Lo que HeartMath está logrando es reforzar los vínculos de unión de esta familia de profesionales de la salud y, de hecho, de esta colectividad.

El caso de Cynthia es un claro ejemplo de que, al aplicar el conjunto de técnicas de coherencia, en dicho ámbito hospitalario se produjo un cambio que redujo los gastos y aportó mejoras tanto a nivel de salud como de rendimiento. Pero lo más importante para ella fue que, gracias a la práctica de HeartMath, los componentes de su equipo empezaron a llevarse mejor porque la comunicación era más auténtica.

N.º 3 - Resultados en la educación

Otro sector en el que hemos observado los beneficios de una mayor coherencia individual y social es el de la educación. Un estudio con grupo de control subvencionado por el Departamento de Educación de Estados Unidos, en el que participaron unos mil estudiantes de décimo grado, se utilizaron técnicas de HeartMath junto con tecnología de coherencia cardíaca. Al cabo de cuatro meses, el resultado fue un considerable aumento de la línea básica de referencia.[13] Al grupo del experimento se les enseñó «TestEdge®», un programa

---

13. Bradley, R.T., *et al.*, «Emotion self-regulation, psychophysiological coherence, and test anxiety: results from an experiment using electrophysiological measures». *Appl Psychophysiol Biofeedback*, 2010, 35(4): 261-83.

de HeartMath para reducir los niveles de ansiedad ante los exámenes y obtener mejores notas. En el gráfico siguiente se muestran los cambios fisiológicos con la coherencia de referencia en dos alumnos que sirven para ilustrar los resultados de la mayoría del grupo antes y cuatro meses después del taller. Dichos cambios en la coherencia de referencia se corresponden con mejoras conductuales, reducción de la ansiedad ante los exámenes y mejores calificaciones.

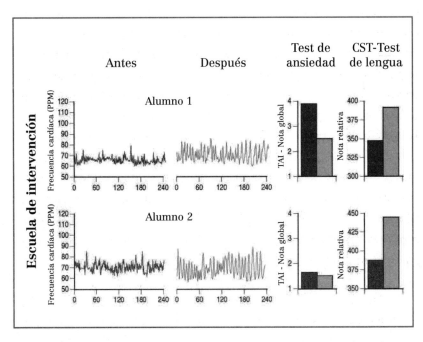

Antes del taller de TestEdge, el 61 % de los alumnos afirmaban sentir ansiedad por los exámenes, el 26 % de los cuales padecían un alto nivel de ansiedad con frecuencia o casi siempre. En unos tests estándar de matemáticas y de lengua, estos últimos obtuvieron de media 15 puntos menos que los alumnos con menos nivel de ansiedad. De los alumnos que afirmaron padecer ansiedad por los exámenes al comenzar el taller de TestEdge, al 75 % les había disminuido el nivel de ansiedad al terminar el estudio.

Dicha reducción de los niveles de ansiedad se correspondió con mejoras en las medidas socioemocionales y conductuales del grupo practicante de HeartMath: reducción de sentimientos negativos (estrés, rabia, decepción, tristeza, depresión y soledad); reducción de la discordancia emocional, lo cual implica un incremento de la conciencia emocional así como una mejor gestión de las emociones; y una reducción de las dificultades interaccionales, consecuencia de un aumento de la empatía y de la mejora de las relaciones con los demás. Asimismo, aumentó el nivel de percepción positiva de la clase, debido a un incremento de la sensación de disfrutar y aprender en clase, de los sentimientos positivos hacia los compañeros y compañeras, y de la atención recibida del enseñante. Por último, también se produjo un aumento significativo de las notas en los exámenes de los alumnos del grupo que aprendieron la técnica HeartMath en comparación con los del grupo de control, con un rango medio de 10 a 25 puntos más.

Karl Pribram, MD, Ph.D., difunto miembro del consejo consultivo de científicos de HeartMath (antiguo director del Departamento de Investigación Cerebral de la Universidad de Stanford, además de autor del libro *Brain and Perception and Languages of the Brain*) estaba entusiasmado con nuestras investigaciones en el campo de la educación. Según sus propias palabras:

> Quedé encantado al leer el exhaustivo informe de HeartMath sobre los resultados del Estudio de Demostración Nacional de TestEdge. El estudio es fabuloso [...] y aporta un impresionante corpus de documentación que corrobora y demuestra que el programa Test-Edge sirve, efectivamente, para reducir la ansiedad de los alumnos ante los exámenes y para que obtengan mejores resultados. Son de especial relevancia las pruebas fisiológicas que indican que los alumnos que participaron en el programa habían alcanzado un nuevo nivel de estabilidad emocional, lo cual es imprescindible para que se produzca un cambio conductual a largo plazo. Este estudio es todo un ejemplo de cómo debe hacerse un trabajo de campo de ciencias sociales.

Lo que más me emocionó al recibir estos resultados fue que no sólo habían mejorado los resultados en los exámenes sino también el aprendizaje socioemocional, y que se habían producido cambios conductuales positivos. Al aprender técnicas para autogestionar las emociones y obtener coherencia cardíaca, estos estudiantes disponen de unas herramientas que les serán útiles el resto de su vida.

Crear una sociedad interconectada desde el corazón

Conectarse desde el corazón es una tendencia en alza porque es lo que anhela la gente de todo el mundo. La gente está cansada de cómo se han hecho las cosas hasta ahora –de los sistemas sociales que ya no funcionan, de los credos que hacen hincapié en la polarización y la separación, así como de toda una larga serie de paradigmas que llevan tiempo constituyendo el status quo.

Aunque no deja de ser cierto que, hoy en día, existe una ingente cantidad de fines ocultos que compiten entre sí y cuyo rango de consecuencias abarca desde un debate serio hasta las convulsiones y guerras por razones políticas y religiosas, no por ello dejan de abundar las noticias esperanzadoras en medio de todo el caos predominante. Son muchos los que consideran que toda esta agitación global y colectiva forma parte de un cambio y de una transición hacia una nueva conciencia basada en la cooperación, el interés por los demás y la aceptación. Es el proceso de creación de un nuevo mundo a partir de uno viejo. La conciencia está cambiando. La gente está cambiando. La sociedad se está transformando y está emergiendo una nueva inteligencia colectiva.

Por un momento, intenta desconectar del caos que vemos a diario en la sociedad y piensa en lo siguiente: ¿Qué podría suceder si mucha más gente tomara conciencia del potencial de transformación del que dispone en el corazón? ¿Si tomara conciencia de que eso a lo que llaman su «corazón» es mucho más cierto de lo que les han dicho hasta ahora y que no es solamente algo filosófico o espiritual? ¿Si tomara conciencia de que, al conseguir conectar con la capacidad de discernimiento de que dispone el corazón, tiene la oportunidad de gestionar mejor sus emociones, sentir más compasión, cariño y amor, así como gozar de mejor salud, de mejores relaciones con los demás y de un mayor rendimiento? ¿Qué pasaría si hubiera cada vez más personas que dieran rienda suelta al poder de la sintonía y complicidad coherente entre la mente, los sentimientos y la intuición con el fin de sortear mejor las dificultades de la vida diaria? ¿Cómo sería ese mundo de coherencia social? Cuando pienso en todas estas posibilidades, me doy cuenta de que está emergiendo un mundo nuevo, distinto y mejor. Con los ojos del corazón, puedo ver que todo eso es posible.

CAPÍTULO 6

COHERENCIA GLOBAL

por Deborah Rozman

Al despertarme esta mañana, antes de abrir los ojos, estos pensamientos se abalanzaron sobre mi conciencia: «El mundo necesita de un máximo de cariño y compasión. ¿Qué pasaría si, a nivel colectivo, consiguiéramos irradiar suficiente amor hacia los campos energéticos terrestres para crear un efecto de multiplicación o de coherencia cuántica? ¿Qué se necesita realmente para que cambie la conciencia de la humanidad?». Estos pensamientos no se me fueron de la mente durante la meditación de la mañana, en la cual irradié el máximo que pude de compasión y amor puros por el planeta y por toda la humanidad.

Cuando, en 1998, sir Roger Penrose asistió a una conferencia en el HeartMath Institute sobre si la actividad cerebral conllevaba procesos cuánticos, le pregunté: «¿Qué es la coherencia cuántica?», y me contestó: «Es algo que se produce cuando una gran cantidad de partículas consiguen cooperar colectivamente en un único estado cuántico». Me pregunté entonces si eso podría aplicarse también, a gran escala, a la humanidad. Más adelante, leí en el libro de Mae-Wan Ho *The Rainbow and The Worm* que la coherencia cuántica es lo que define a cualquier organismo vivo, a lo que añadía: ¡De esta forma, en un estado de coherencia cuántica, se alcanza el máximo de cohesión global así como de libertad local! Lo que la naturaleza nos plantea es resolver un complejo acertijo que nos obliga a dar cabida a polos aparentemente opuestos. No cabe duda de que dicho acertijo es una descripción del estado actual del mundo. Entonces, me pregunté: «¿Cómo se las apaña la naturaleza para crear cohesión a nivel global y, al mismo tiempo, permitir el libre albedrío?»

En el capítulo anterior hemos aprendido que la ciencia ha descubierto que, cuando practicamos la coherencia cardíaca e irradiamos amor y compasión, nuestro corazón genera unas ondas electromagnéticas a su alrededor que favorecen la aparición de coherencia social, ya sea en el hogar, en el trabajo, en la escuela o alrededor de una mesa. A medida que aumenta el número de personas que irradian coherencia cardíaca, se crea un campo energético que hace más fácil que los demás puedan conectarse con el corazón. Por lo tanto, en teoría, si se alcanzara la cantidad necesaria de personas que desarrollaran coherencia a nivel individual y social, también podría desarrollarse coherencia a nivel global.

La ciencia comienza a reconocer que todos formamos parte de un vasto entretejido de conexiones que incluyen no sólo la vida en nuestro planeta sino en todo el sistema solar e incluso más allá. Dicha conectividad a nivel energético es la que permite el intercambio de información así como de coherencia y resonancia cardíacas. Vamos a ver de qué manera dicha conectividad a nivel energético podría, potencialmente, incrementar la coherencia global.

Como ya hemos mencionado anteriormente, el término «coherencia» implica orden, estructura, armonía –una alineación dentro de y entre sistemas– ya se trate de partículas cuánticas, organismos vivos, seres humanos, grupos sociales, planetas o galaxias. Dicho orden armónico es la expresión de un sistema coherente cuyo óptimo funcionamiento depende de la disponibilidad y fluidez de sus procesos.[1]

---

1. McCraty, R., Childre, D, «Coherence: Bridging Personal, Social and Global. Health». *Alternative Therapies in Health and Medicine*, 2010, 16(4): 10-24.

Este estado de coherencia cardíaca es lo que intentan alcanzar (muchas veces sin saberlo) numerosas técnicas de meditación. En todo el mundo existen miles de grupos y organizaciones que practican distintas formas de meditación y oración para facilitarles las cosas a los demás a nivel energético. Muchas organizaciones sincronizan sus meditaciones, sesiones de oración, experimentaciones con la intención de ayudar a que las personas se curen o para crear un mundo más armónico. Abundan los estudios que demuestran que, cuando unos grupos o colectivos se reúnen para meditar, orar o concentrarse en algún objetivo positivo, pueden obtenerse efectos tan beneficiosos como susceptibles de ser medidos. Por ejemplo, en 1993 se realizó un estudio en Washington D. C., que demostró que la criminalidad había disminuido en un 25 % como consecuencia de que 2.500 sujetos habían practicado meditación con dicho objetivo durante unos determinados períodos de tiempo, lo cual significa que un grupo relativamente pequeño, de unos pocos miles de sujetos, consiguió influir sobre un grupo mucho mayor –de un millón y medio de personas–.[2] Se planteó entonces la cuestión de, si se puede disminuir la criminalidad, ¿podrían reducirse también los conflictos sociales y las guerras como consecuencia de la meditación de un grupo de personas? Se realizó un experimento similar en el momento más crítico de la guerra entre El Líbano e Israel en los años ochenta. Los doctores Charles Alexander y John Davies, ambos catedráticos de la Universidad de Harvard, reunieron a grupos de meditadores experimentados en Jerusalén, Yugoslavia y Estados Unidos para meditar concentrándose en la zona en conflicto, durante distintos intervalos a lo largo de un período de 27 meses. Después de ajustar los efectos de variables durante la duración del estudio, tales como cambios climatológicos, festividades libanesas,

---

2. Hagelin, J. S., Orme-Johnson, D. W., Rainforth, M., Cavanaugh, K., y Alexander, C. N., «Results of the National Demonstration Project to Reduce Violent Crime and Improve Governmental Effectiveness in Washington D. C.» *Social Indicators Research*, 1999, 47: 153-201.

musulmanas, cristianas y judías, actividad policial, fluctuación del tamaño de los grupos, etcétera, se observó que el nivel de violencia en El Líbano había disminuido entre un 40 % y un 80 % cada vez que se juntaba uno de los grupos de meditación, produciéndose los máximos niveles de reducción cuando se reunió el máximo número de meditadores. En dichos períodos, la cifra media de víctimas mortales bajó de 12 a 3 por día –una disminución de más de un 70 %–. Asimismo, el número de heridos de guerra cayó un 68 % y la intensidad del conflicto en un 48 %.[3,4]

La conclusión que el físico cuántico John Hagelin sacó de esta investigación sobre el Power of the Collective[5] fue: Dado que está científicamente demostrado que la meditación constituye una forma eficaz de eliminar el estrés a nivel individual, y que la sociedad se compone de individuos, es de sentido común utilizarla también, de forma similar, para reducir el estrés a nivel social».[6] La energía de cada individuo influye sobre el campo energético colectivo, lo cual significa que los sentimientos y las intenciones de cada persona generan una energía que influye sobre el campo energético en su totalidad. Un primer paso a adoptar para disminuir el estrés de la sociedad en el campo energético global es que cada uno de nosotros asuma su parte de responsabilidad en lo que se refiere a mejorar su propia energía, lo cual puede lograrse aumentando nuestra coherencia personal así como elevando nuestro nivel vibratorio, de tal manera que seamos más conscientes de los pensamientos, los senti-

---

3. Davies, J. L., «Alleviating political violence through enhancing coherence in collective consciousness: Impact assessment analysis of the Lebanon war». *Dissertation Abstracts International*, 1988, 49(8): 238A.

4. Orme-Johnson, D. W., *et al.*, «International Peace Project in the Middle East the Effects of the Maharishi Technology of the Unified Field» *The Journal of Conflict Resolution*, 1988, 32(4): 776-812.

5. Poder de la colectividad. *(N. del T.)*

6. Hagelin, J., «The Power of the Collective». *Shift: At the Frontier of Consciousness*, 2007, 15: 16-20.

mientos y las actitudes que «lanzamos» cada día al campo energético colectivo.

A cada momento tenemos la oportunidad de «tomarnos a pecho» lo importante que es saber gestionar nuestras energías. Eso es un libre albedrío o una libertad individual que sirve para aportar cohesión global. Todos somos responsables de permitir que nuestros pensamientos y sentimientos de frustración, preocupación o culpabilidad campen a sus anchas por nuestro organismo. Dichas actitudes y emociones hacen que nuestros ritmos internos se mantengan en niveles de incoherencia y desincronización, lo cual *se traduce*, a su vez, en un efecto depauperante de los sistemas hormonal, inmunológico y nervioso. En cambio, las prácticas y técnicas de coherencia nos ayudan a reconfigurar nuestra energía emocional, mantenernos en un ritmo interior equilibrado y elevar nuestro nivel vibratorio y nuestro referente de coherencia, de tal modo que se nos sincronicen y rindan mejor nuestros sistemas espiritual, cardiovascular, cerebral y nervioso. Este efecto de *traslación* de la coherencia nos permite ser más conscientes e intuitivos cuando tenemos que tomar decisiones. Nos sirve para establecernos en nuestro centro interior y decidir qué hacer y cómo reaccionar en lugar de seguir siendo reactivos a las órdenes de nuestros antiguos y estresantes patrones de conducta. Al elevar nuestro nivel vibratorio, nos damos cuenta de que nuestro corazón energético se acopla con una parte más profunda de nosotros mismos, algo a lo que muchos llaman el «poder superior» o las «capacidades superiores», y que nos conecta con ese campo no local de información y energía que el físico David Bohm denominó «el orden implicado y la totalidad íntegra».[7] Cuando entramos en coherencia cardíaca, nuestra sintonía con la coherencia del corazón es mucho más refinada y nos conecta mucho mejor con dicha fuente.

---

7. Bohm, D., *Wholeness and the Implicate Order*. Londres: Routledge and Kegan Paul, 1980.

La iniciativa de la coherencia global

En 2008, el HeartMath Institute lanzó la Iniciativa de Coherencia Global (GCI, por sus siglas en inglés), que consiste en un esfuerzo de cooperación internacional para activar el corazón de la humanidad y fomentar un cambio de la conciencia global. Tengo el honor de formar parte del comité de dirección de la GCI y de colaborar con dicha iniciativa, la cual tiene tres objetivos primordiales. El primero es invitar a que las personas participen de forma activa sumando su propia coherencia cardíaca, amor y compasión al campo energético de nuestro planeta; el segundo es realizar investigaciones científicas sobre cómo nos interconectamos entre nosotros y con la Tierra a nivel de energía; y el tercero consiste en formar a las personas para que aprendan a aprovechar dicha interconectividad con el fin de conseguir que se eleve nuestro nivel vibratorio, tanto a nivel personal como colectivo, para crear un mundo mejor.

Éstas son algunas de las hipótesis sobre las que se basan las investigaciones actuales de la GCI en colaboración con otras instituciones:

Los campos magnéticos de la Tierra son portadores de una importante información biológica que interconecta a todos los organismos vivos.

1. Todos los individuos influyen sobre dicho campo global de información. Cuando hay grandes cantidades de personas establecidas en estados de coherencia cardíaca de amor, cariño, respeto y compasión, puede generarse un campo ambiental más coherente que resulta beneficioso para los demás y ayuda a compensar el estado actual de discordancia e incoherencia a nivel planetario.

2. Existe un circuito cerrado de retroalimentación entre los seres humanos y los campos energético y magnético de la Tierra.

3. Los campos magnéticos de la Tierra tienen distintos orígenes y nos influyen a todos. Dos de ellos son el campo geomagnético, que se origina en el núcleo de la Tierra, y el que existe entre la Tierra y la ionosfera. Estos dos campos envuelven a

todo el planeta y actúan a modo de pantallas protectoras que bloquean los efectos negativos de la radiación solar, los rayos cósmicos y demás tipos de meteorología espacial. Sin dichos campos, que forman parte de un ecosistema dinámico de nuestro planeta, no existiría la vida tal y como la conocemos.

Aunque la ciencia dispone de muchos conocimientos sobre dichos campos de energía, sigue habiendo muchos misterios sin resolver. Lo que sí está claro es que la actividad solar y los ritmos de los campos magnéticos de la Tierra influyen en nuestra salud y nuestra conducta.[8]

Gran cantidad de investigaciones han demostrado que muchos ritmos fisiológicos y conductas colectivas a nivel global no sólo coinciden con la actividad solar y geomagnética sino que, cuando dichos campos se ven alterados, pueden tener efectos perniciosos tanto en la salud como en la conducta de la humanidad.[9,10,11] Las alteraciones del campo magnético terrestre pueden causar problemas de insomnio, confusión mental, una inusual falta de energía o una sensación de irritabilidad o de agobio sin razones aparentes. ¿Te suena de algo? En cambio, en momentos en los que los campos energéticos terrestres permanecen estables y se incrementan ciertas mediciones de la actividad solar, las personas afirman sentirse más

8. McCraty, R. y A. Deyhle, «The Global Coherence Initiative: Investigating the Dynamic Relationship between People and Earth's Energetic Systems in Bioelectromagnetic and Subtle Energy Medicine», 2.ª ed., P. J. Rosch, ed., 2015.

9. Doronin, V. N., Parfentev, V. A., Tleulin, S. Zh, Namvar, R. A., Somsikov, V. M., Drobzhev, V. I., *et al.*, «Effect of variations of the geomagnetic field and solar activity on human physiological indicators». *Biofizika*, 1998, 43(4): 647-653.

10. Kay R. W., «Geomagnetic Storms: Association with Incidence od Depression as Measured by Hospital Admission». *British Journal of Psychiatry*, 1994, 164: 403-409.

11. Mikulecký, M., «Solar activity, revolutions and cultural prime in the history of mankind». *Neuroendocrinology Letters*, 2007, 28(6): 749-756.

positivas, más creativas y más motivadas.[12] Es muy posible que esto se deba a una sincronización entre los sistemas cerebral, cardiovascular y nervioso del ser humano, por un lado, y las frecuencias de resonancia geomagnéticas por otro.

La Tierra y la ionosfera generan toda una sinfonía de frecuencias comprendidas entre 0,01 y 300 Hz, algunas de las cuales coinciden con exactitud con los mismos rangos de frecuencia de nuestro sistema cardiovascular, del cerebro y del sistema nervioso autónomo,[8] lo cual explica la influencia que ejercen sobre nosotros los campos magnéticos solar y terrestre. Está demostrado que los cambios en los campos energéticos terrestres influyen en las ondas cerebrales y los ritmos cardíacos, y se asocian a cambios en la memoria y demás funciones; al nivel de rendimiento de los deportistas; a numerosas infracciones y accidentes de tráfico; al índice de mortalidad por infartos de miocardio y derrames cerebrales; así como a un aumento de los casos de depresión y suicidio.[8] También se han relacionado determinados cambios en los campos energéticos terrestres causados por la actividad solar con algunos de los momentos más álgidos de la creatividad y el arte de la historia del ser humano,[13] lo cual implica que un aumento de la actividad solar no tiene por qué ser necesariamente perjudicial sino que, más bien, depende de cómo nosotros reaccionemos y gestionemos dicho incremento de energía. Los científicos que participan en la GCI sugieren que, dado que nuestras ondas cerebrales y frecuencias de ritmos cardíacos se solapan con las resonancias de los campos terrestres, no somos únicamente receptores de información biológicamente relevante sino que, asimismo, aportamos información al campo energético del entorno global y, básicamente, creamos nuestro circuito cerrado de retroalimentación

---

12. McCraty, R., «The Global Coherence Initiative: Measuring Human-Earth Energetic Interactions in 3rd Heart: King of organs conference 2010», Hufuf, Arabia Saudí.

13. Ertel, S., «Cosmophysical correlations of creative activity in cultural history. Biophysics», 1998, 43(4): 696-702.

con los campos magnéticos terrestres.[12,14] De hecho, las investigaciones apuntan a que los sentimientos y la conciencia del ser humano envían información codificada al campo geomagnético que, a su vez, la distribuye por todo el globo. Los campos magnéticos terrestres actúan como ondas de transmisión de dicha información, la cual influye en todos los organismos vivos y en la conciencia colectiva. Con el fin de validar dicha hipótesis y dichas investigaciones, la GCI ha creado el Sistema de Monitorización de la Coherencia Global (GCMS, por sus siglas en inglés).

Sistema de monitorización de la coherencia global (GCMS)

El GCMS es una red mundial de magnetómetros ultrasensibles desarrollados para medir, ininterrumpidamente, aquellas fuerzas magnéticas que coincidan con el mismo rango de frecuencias de la fisiología humana, incluidas la cerebral y la de los ritmos cardíacos. Constituye la primera red a nivel global de detectores de campos geomagnéticos cronosincronizados por GPS para rastrear y medir las resonancias y fluctuaciones de los campos energéticos producidas por las tormentas solares, las variaciones de velocidad del viento solar, otras alteraciones del campo magnético así como, potencialmente, acontecimientos significativos a nivel global que contengan un fuerte componente emocional. En el momento de escribir estas líneas, existen sensores en seis lugares distintos: el norte de Nueva Zelanda; Boulder Creek, California; Hofuf, Arabia Saudí; Alberta, Canadá; Baisogala, Lituania y Bonamanzi Game Park, Sudáfrica. El proyecto contempla llegar hasta un total aproximado de 12 lugares. Cada sensor recoge continuamente datos que nos permiten investigar cómo influyen los campos energéticos terrestres en los procesos mentales y emocionales del ser humano, en la salud y en la conducta

---

14. McCraty, R., A. Deyhle, y D. Childre, «The global coherence initiative: creating a coherent planetary standing wave». *Glob Adv Health Med*, 2012, 1(1): 64-77.

colectiva. La tecnología del GCMS también nos permitirá analizar cómo influyen en los campos energéticos terrestres los estados emocionales humanos, las sesiones de meditación y los proyectos a nivel colectivo. Asimismo, esperamos poder investigar si se producen cambios magnéticos terrestres antes de catástrofes naturales como terremotos o erupciones volcánicas, o antes de sucesos sociales que tengan una gran repercusión emocional a nivel global, como, por ejemplo, una crisis social o algún ataque terrorista.

Aunque la ciencia ya se ha interesado con anterioridad por algunas posibles interacciones entre los campos energéticos terrestres y los niveles de actividad humana, animal y vegetal, los datos recogidos de momento por los estudios de la GCI y por el GCMS apuntan a que quizás estemos todos mucho más interconectados de lo que nos consta hasta el momento. El gráfico de la página siguiente nos muestra un ejemplo de líneas de resonancia de los campos energéticos terrestres medidos en Boulder Creek, California.

Si consigue demostrarse que la hipótesis de la GCI de que los campos magnéticos terrestres son portadores de energía que interconectan a todos los órganos vivos, el ser humano podrá por fin comprender cómo influimos en el campo global de información tanto a nivel individual como colectivo; que nuestras actitudes, emociones e intenciones son importantes y pueden afectar a la vida terrestre en general; y que *una voluntad de desarrollar coherencia y cooperación podría aportar beneficios a nivel global y mejorar la calidad de vida en todo el planeta.* Todo esto sugiere que, cuando grandes segmentos de la población comparten un mismo sentimiento como consecuencia de algún suceso de carácter global, dicha respuesta colectiva puede influir en la calidad de la información que se distribuye a través del campo energético terrestre. En los casos en que el suceso desencadena una respuesta emocional negativa o de miedo, puede compararse con una onda de choque (de información) a nivel planetario, mientras que en los casos en que la respuesta emocional es positiva, puede crear una onda de coherencia global. Uno de los objetivos de la GCI consiste en investigar si se producen campos de coherencia a nivel ambiental y global, así como circuitos de retroalimentación de beneficio mutuo entre los seres humanos y la Tierra, cuando grandes masas de gente generan estados de coherencia cardíaca con sentimientos de amor, cariño, ayuda y compasión.

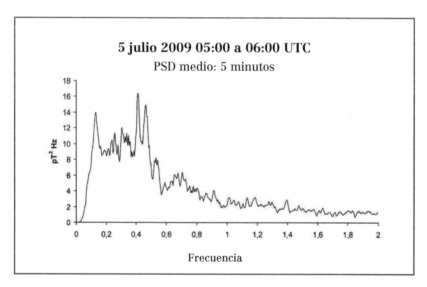

5 julio 2009 05:00 a 06:00 UTC
PSD medio: 5 minutos

Frecuencia

Figura 1. Las frecuencias de estas líneas de resonancia están en el mismo rango de muchos de los ritmos funcionales a nivel cardiovascular y del sistema nervioso autónomo de los seres humanos y de los animales. En esta gráfica recogida en Boulder Creek se observa claramente una frecuencia de 0,1 Hz –la misma del ritmo cardíaco en estado de coherencia–. La mayoría de los modelos matemáticos muestran que la frecuencia de resonancia del sistema cardiovascular humano viene determinada por los circuitos de retroalimentación entre el cerebro y el corazón. Tanto en el ser humano como en muchos animales, dicha frecuencia es de 0,1 Hz.

Investigaciones sobre la interconectividad

Uno de nuestros estudios, en el que participaron 1.600 miembros de la GCI de distintas nacionalidades, tenía como objetivo determinar si se podían observar correlaciones indicativas de interconexión con grupos de sujetos situados cerca de cuatro de los puntos en los que se habían instalado sensores de GCMS. Se aplicaron seis parámetros: afecto positivo/sentimientos positivos, bienestar, ansiedad, confusión, fatiga y síntomas físicos. Dicho estudio demostró que, cuando aumentan la velocidad del viento solar y la actividad en el casquete polar, disminuyen los parámetros del afecto positivo/sentimientos positivos y del bienestar, mientras que crecen los de ansiedad, confusión y fatiga.[12] En estudios subsiguientes se incluyó a grupos de sujetos que llevaban puesto el aparato de monitorización de la variabilidad de frecuencia cardíaca (VFC) durante extensos períodos de tiempo para determinar de qué manera influyen los campos magnéticos solar y terrestre sobre el funcionamiento del sistema nervioso autónomo. Un resultado sorprendente fue que determinados cambios en las ondas de radio solares y pequeñas alteraciones en el campo magnético evocaban una respuesta positiva del sistema nervioso –aumentaba la claridad mental y los sujetos se sentían mejor–. Otro hallazgo aún más sorprendente, obtenido a partir de estos resultados, indica que los seres humanos parecen sincronizarse, a nivel profundo, con una señal exterior proveniente del campo magnético terrestre.

El resultado de dichos estudios debería poder publicarse en 2016. Recientemente, hemos concluido la fase siguiente de dicha investigación, consistente en realizar un estudio de interconectividad en distintas ubicaciones con grupos de sujetos situados cerca de los cuatro puntos del planeta donde tenemos instalados sensores del GCMS: Arabia Saudí, Lituania, Nueva Zelanda y California. Dichos sujetos se coordinaban para registrar sus VFC durante los mismos espacios de tiempo. El análisis de dichos datos nos permitirá determinar si la sincronización entre los sujetos y la Tierra se produce tanto a nivel local como global.

La posibilidad de poder crear un aumento de coherencia en *el campo global de información* nos permitirá *utilizar la intuición no local para obtener grandes adelantos y nuevas sinergias que aceleren la capacidad intuitiva de resolución de problemas con el fin de afrontar más eficazmente los conflictos a nivel social, ambiental y económico.*

Embajadores de la GCI

Decenas de miles de personas de más de 150 nacionalidades se han hecho embajadores de la GCI para ayudar a crear entre todos un mundo mejor, enviando al campo global de la Tierra amor y compasión a nivel colectivo. Dichos voluntarios se pueden reunir en la Global Care Room (Sala de Cuidados Globales) de la página web de GCI (www.heartmath.org/gci) para enviar, entre todos, energía del corazón al planeta con el fin de elevar el nivel vibratorio, o para enviar energía de ayuda y compasión a zonas muy conflictivas con el fin de paliar el sufrimiento de sus habitantes, sobre todo en momentos de crisis. Dados los cada vez mayores niveles de inestabilidad, estrés y sufrimiento que mucha gente padece por todo el mundo, enviar compasión constituye una de las más elevadas formas de amor que podemos aportar para que la gente consiga recuperar un equilibrio en la vida.

Dicha Sala de Cuidados Globales tiene varias características muy interesantes. Aparece un icono verde en el globo terráqueo que indica dónde está ubicado tu proveedor de Internet y unos iconos dorados con las ubicaciones de los demás participantes que están conectados en ese momento por todo el mundo. Es muy agradable ver todos esos puntos de luz dorada que representan a las personas de todo el globo que se juntan para conectarse con el corazón, todos al mismo tiempo. Es muy alentador saber que cada punto dorado representa a una persona, una familia o un gran grupo de personas que están haciendo «Care Focus»[15] juntos. Al contemplar dicha imagen –nuestra Tierra y las personas de todas las naciones conectadas con un mismo propósito en ese momento–, se siente una gran energía de conexión desde el corazón.

---

15. Enfoque curativo. *(N. del T.)*

En dicha sala también se pueden escribir comentarios, así como leer los de los demás. El hecho de que alguien de Malta comente algo parecido a lo de otra persona de Singapur o de Arabia Saudí, la cual, a su vez, escribe un comentario que resuena con una persona de Australia, demuestra que, en todas partes, hay personas que se preocupan por crear un campo energético terrestre de coherencia cardíaca, lo cual confirma que se está produciendo un cambio de tendencia a nivel global. Cualquiera puede participar en dicha Sala de Cuidados Globales como «invitado» o como «embajador de la GCI», porque lo que cuenta es la energía del corazón de todos.

Los embajadores de la GCI también se comprometen a practicar las técnicas de coherencia cardíaca e irradiar compasión y ayuda a todo el planeta. Dado el ritmo de vida actual, la GCI no exige que se cumplan con unos horarios determinados, por lo que sus embajadores son libres de establecer cuánto tiempo, cuánta energía y en qué momento quieren colaborar con un «Care Focus» o irradiar compasión por el planeta. Aunque no es en absoluto obligatorio utilizar las tecnologías de *feedback* de coherencia cardíaca llamadas emWave o Inner Balance, sí que son recomendables por dos razones: nos permite localizar y elevar nuestro referente de coherencia personal, lo cual incrementa, a su vez, la coherencia a nivel colectivo; y también nos permite participar en investigaciones de la GCI que necesitan de mediciones objetivas de los niveles de coherencia de los participantes.

Técnica inicial de coherencia cardíaca de la GCI

Practica con frecuencia esta técnica de coherencia cardíaca para mantenerte en coherencia y para incrementarla. Se compone de los seis pasos siguientes:

- Respira y relájate de la forma que prefieras.
- Piensa en alguien o algo por lo que sientas cariño —una persona, una mascota, la naturaleza, etcétera— y envíale cariño du-

rante unos dos minutos. Esto te ayuda a expandir el corazón y te prepara para cuando tengas que enviar energía de ayuda al planeta o a una situación que la necesite.

- Evoca un sentimiento genuino de ayuda y de compasión por el planeta.
- Al espirar, visualiza que esos sentimientos de ayuda y compasión fluyen hacia fuera desde tu corazón (para poder concentrarse mejor, algunos se imaginan que la ayuda y la compasión les fluyen hacia fuera igual que un río se funde en el mar. Otros se imaginan que irradian la compasión en forma de rayo de luz o que la acompasan con el ritmo de la respiración. Decide tú mismo lo que te resulte mejor).
- Irradia sentimientos auténticos de ayuda y compasión por todo el planeta o para zonas determinadas que los necesiten con urgencia.
- Visualiza que te unes a las energías de otras personas para colaborar con el proceso de sanación y generar paz.

¿Cuánto tiempo debes dedicarle a esta técnica de coherencia cardíaca? Eso lo decides tú mismo. La mayoría de la gente la practican un mínimo de cinco minutos al día para desarrollar su coherencia personal, pero suelen aumentar el tiempo que le dedican cuando comienzan a comprender y darse cuenta del efecto y de los beneficios que dicha coherencia les aporta tanto a ellos como a los demás. Dependiendo de tus horarios, puede que haya días que le puedas dedicar más tiempo que en otros.

Un proceso iterativo

Al aumentar nuestra coherencia personal desarrollamos más sensibilidad por las indicaciones de nuestro corazón, las cuales se vuelven más fuertes y claras a medida que actuamos siguiendo los dictados de la inteligencia de nuestro corazón. En el capítulo 2 hemos mencionado el trabajo fundamental de John y Beatrice Lacey sobre las interacciones entre el cerebro y el corazón. En su libro *Evolution's End*, Joseph Chilto Pearce cita a Lacey[16]: «El cerebro le envía al corazón informes actualizados de la situación de nuestro entorno y el corazón le exhorta al cerebro para que responda de forma adecuada» (pág. 103). La teoría de la GCI es que un aumento de coherencia a nivel individual se traduce en una mayor *coherencia social*, lo cual, a su vez, conduce a un aumento de *coherencia a nivel global* según un *proceso iterativo* que, en forma de espiral ascendente, genera un campo vibracional de conciencia cada vez más elevada que, al acoplarse con el campo de información terrestre, acelera la resonancia y coherencia a nivel individual, social y global. Si se cumple esta teoría, será un gran apoyo para las alianzas cocreativas y, a nivel de especie humana, nos capacitará para funcionar como cuidadores de nuestro planeta y de las generaciones venideras. Con el tiempo, dicha coherencia global se traducirá en que las naciones y sus líderes adoptarán una visión global más coherente. Desde dicha perspectiva, y desde ese nivel de conciencia, se pueden abordar, de forma mucho más significativa y eficaz, asuntos como la crisis económica, las guerras, la intolerancia cultural, la criminalidad y el desprecio por el medio ambiente. Tal y como aclara esa cita tan repetida de Albert Einstein: «Es imposible encontrarle una solución a un problema desde el mismo nivel de conciencia desde el que se creó». Ahora más que nunca, la gente está manifestando su deseo de alcanzar un nivel de conciencia de vibración superior, y lo bueno es que dentro de sí mismos poseen todas las pautas para conseguirlo.

---

16. Pearce, J. C., *Evolution's End*, Nueva York, HarperCollins, 1992.

Modelo del cambio de la GCI

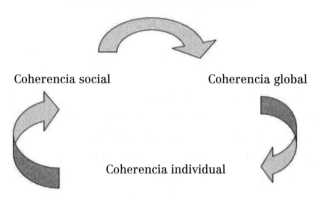

Coherencia social   Coherencia global

Coherencia individual

Coherencia cardíaca:
La senda para vivir desde el corazón

En HeartMath utilizamos la expresión *vivir desde el corazón* para referirnos a la vida en coherencia usando un lenguaje «cotidiano», porque mucha gente se sirve del concepto genérico *desde el corazón* para expresar que «es el corazón el que manda», o algo parecido. No es que sea una expresión que hemos acuñado, pero nos gusta porque es fácil de usar y su significado es evidente. HeartMath es uno de los muchos sistemas y prácticas que fomentan una vida desde el corazón. Existen mucho eslóganes y expresiones que giran en torno a esto pero, independientemente de la etiqueta que le queramos poner, el hecho de llevarlo a la práctica puede cambiarnos la vida para siempre. Muchos de nosotros tenemos la sensación de que van a seguir produciéndose cambios profundos a nivel social porque nuestro mundo está cada vez más interconectado y se fundamenta cada vez más en la interdependencia. Al aumentar la coherencia cardíaca podemos ofrecerle a nuestro mundo una actitud más colaborativa así como un amor, un cuidado y una compasión más auténticos.

INTRODUCCIÓN
A LOS CAPÍTULOS DE
DOC CHILDRE

por Doc Childre

Aunque puede que los rápidos cambios que estamos experimentando a nivel global acaben aportando buenos resultados con el paso del tiempo, en el momento actual de esta transición parece que tanto el planeta como la humanidad se están despojando de viejas energías que nos impiden progresar. La mayoría experimentamos la intensidad de dichos cambios a nivel individual, ya sea consciente o inconscientemente. Por ejemplo, muchas personas se sienten muy animadas y esperanzadas un día pero, al siguiente, se apoderan de ellas la ansiedad y la resignación. Esperemos que los siguientes capítulos sirvan para comprender de qué manera nos puede ayudar la intuición de nuestro corazón para ir sorteando las dificultades de estos tiempos sin perder el equilibrio emocional, al tiempo que nos conectamos con las opciones superiores y potenciales aún por descubrir que todos tenemos. Mediante la práctica de la *coherencia cardíaca* podemos aprender a desarrollarnos hasta el máximo de nuestras posibilidades, lo cual lleva implícita una equilibrada sintonía entre la intuición de nuestro corazón, nuestra mente y nuestras emociones.

Aunque escribo todo esto desde la perspectiva de mis creencias y experiencias propias, es importante que cada cual determine cuáles son las suyas y qué es lo que le conviene. Empoderamiento quiere decir saber cómo acceder a las indicaciones de nuestro corazón y cómo hacerles caso. Gran parte de lo que escribo trata de cómo asciende nuestro nivel vibratorio cuando vivimos la vida desde el corazón y cómo eso nos sirve de guía en todos los aspectos de la existencia. Algunos de mis temas son: la inteligencia del corazón; una mayor conexión con el alma, nuestro auténtico ser y fuente de vida; la compasión por los demás y por uno mismo; cómo transmutar el miedo; cómo sintonizar con nuestro propósito; y cómo despojarnos de antiguas costumbres y marcas energéticas que ya no nos sirven. La mayoría de los temas que trato son resúmenes de reflexiones sobre ciertas herramientas prácticas que ayudan a centrar nuestra vida en torno al corazón y a desarrollar nuestro propio empoderamiento. Aunque la información que aporto puede resultarles familiar a muchos, el hecho de que nos refresquen la memoria sobre estos temas suele constituir un elemento esencial para el hecho de compaginar nuestros aspectos y cualidades más espirituales con nuestra naturaleza humana, lo cual nos permite convertirnos, con la fuerza del corazón, en nuestro mejor yo —nuestro verdadero yo— para contribuir a que cambie el mundo.

CAPÍTULO 7

CÓMO ACCEDER A NUESTRO POTENCIAL SUPERIOR
ELEVANDO NUESTRO NIVEL VIBRATORIO
por Doc Childre

Cada día, la mente, el cerebro y el corazón procesan una cantidad incalculable de *frecuencias* tales como pensamientos, sentimientos y sensaciones. Casi todos hemos escuchado comentarios del tipo: «¡No hay forma de entendernos! ¡Estamos como en ondas distintas!», o «Parece que hoy mi hermano está bajo de energía»; o «¡En esa casa había una energía tan espesa que casi se podía cortar con un cuchillo!». Aunque muchas personas opinan que los conceptos de *energía* y *onda* (vibraciones) son puramente metafóricos, también muchas perciben, a nivel intuitivo, que los pensamientos, los sentimientos, las emociones e intenciones son energías con una determinada longitud de onda que influyen en nuestras creencias, recuerdos, decisiones, estímulos externos y muchas cosas más. Personalmente utilizo términos como vibraciones o frecuencias altas o bajas para describir las subidas y bajadas de nuestro estado de ánimo, nuestros cambios de actitud, de conducta, de predisposición, etcétera. A veces funcionamos en niveles vibratorios elevados mientras que, en otros momentos, en unos más bajos. Eso es algo que cambia a lo largo del día, de la semana o de los meses, dependiendo de lo bien o no tan bien que sepamos gestionar nuestra energía como respuesta a las interacciones que tengamos con la vida, con los demás o con nosotros mismos.

Cuando actuamos desde un nivel vibracional alto, la energía del corazón fluye a través de todo lo que hacemos y, de forma espontánea, generamos sentimientos positivos y nos sentimos más empoderados —somos más amables, más afables y nuestra conexión con los demás es más *auténtica*—. Además, nuestra respuesta a las situaciones de estrés es más serena, con más resiliencia y un discernimiento más claro, al tiempo que nos mostramos más impermeables a la frustración, la impaciencia, la rabia, la ansiedad y nos sentimos más seguros de nosotros mismos y menos críticos con los demás y con nosotros. Nos fijamos en aspectos de la naturaleza, de las flores y de los árboles, de detalles ante los que solemos pasar como zombis porque nuestras preocupaciones nos impiden conectar con ellos de forma más consciente.

En cambio, cuando nuestro nivel vibratorio está bajo, nos sentimos ajenos a los demás, los criticamos o les sacamos defectos, nos preocupamos demasiado o nos sentimos inseguros, e interactuamos con los demás con una amabilidad hueca porque estamos demasiado ensimismados y preocupados con nosotros mismos. A la mínima nos enfadamos, nos sentimos frustrados y nos entran las prisas. Algo que todos conocemos.

Hay veces que sentimos unos cambios de onda tan radicales en nuestro estado de ánimo y en nuestras percepciones que tenemos la sensación de ser dos personas distintas que comparten el mismo cuerpo. Podemos comportarnos y reaccionar de maneras radicalmente opuestas dependiendo de la frecuencia vibratoria de nuestra actitud —más alta, más baja o de altibajos—. Cuando vibramos a niveles elevados no nos hace falta *intentar* ser positivos porque los sentimientos y pensamientos positivos nos surgen por sí solos, la energía del corazón pasa a un primer plano y eso nos permite conectar de forma más auténtica con los demás. En cambio, cuando estamos más bajos de vibraciones, nos suelen invadir más pensamientos y sentimientos negativos, que campan a sus anchas y nos chupan la energía vital. Como los *alimentamos con nuestra energía vital*, suelen *regirnos la vida*.

Pero lo bueno es que no estamos predestinados a ser víctimas de las modulaciones aleatorias de nuestras frecuencias vibratorias, sino que podemos aprender a intervenir de forma consciente y *resetear* nuestras vibraciones a una frecuencia más alta durante el día para poder afrontar cualquier situación con mucho menos desgaste a nivel energético. Dicho con muchas menos palabras: *podemos decidir nosotros*, y nuestra nueva frontera consiste en conectar con lo que la intuición de nuestro corazón nos dice que escojamos.

Repercusiones de vivir con un nivel vibratorio (frecuencia) bajo en nuestro bienestar

Cada vez hay más personas a las que les cuesta relajarse durante el día para no estar pendientes de si todo va bien. Ése era uno de mis problemas. Durante mucho tiempo viví en una ansiedad constante e, incluso cuando todo me iba fenomenal, no conseguía sentirme en paz ni dejar de preocuparme por si todo iba bien. Pensaba que lo normal era vivir en esa ansiedad permanente y que no tenía ninguna consecuencia hasta que mi estado de salud empezó a contarme una versión distinta. Eso fue como una llamada de atención y tomé conciencia de que la vanidad de mi ego era la que me producía esa ansiedad por rendir al máximo y de que tenía un fallo técnico que me impedía sentir paz interior. Con la ayuda de mi corazón, me hice un *reseteo* y empecé a apreciar todo lo bueno que tenía en mi vida en lugar de vivir en una constante sospecha de lo que no era.

Un nivel bajo pero continuado de ansiedad puede ser causa de un déficit de fluidez de energía, incluso aunque seamos conscientes de ello. Muchos de nosotros nos hemos visto atrapados en este bajo nivel de vibración y hemos pagado las consecuencias repetidamente. El mantenernos en un nivel vibratorio bajo tiene como un efecto soporífero que nos impide ver las señales de alarma, porque se convierte en *nuestra manera de ver las cosas* y se nos olvida que *podemos cambiar* de actitud ante las eventualidades de la vida. Aunque no pueden evitarse todas las situaciones desagradables que puedan presentársenos, sí que es nuestra responsabilidad determinar cómo las gestionamos. Sin embargo, nos aclimatamos hasta tal punto a los hábitos emocionales inferiores que los acabamos considerando permisibles e *inexplicables*. No obstante, dichos déficits acumulativos fruto del estrés *sí* que tienen una explicación y se convierten en catalizadores que aceleran el envejecimiento, producen problemas de salud y abatimiento a nivel anímico.

Los factores estresantes externos como problemas económicos, de supervivencia, de salud, laborales y en las relaciones son algunos de los desencadenantes más comunes que hacen que nuestros pensamientos y sentimientos caigan en la trampa de permanecer en un bajo nivel vibratorio y que se nos multipliquen las tensiones y los agobios. Cuando tenemos bajas vibraciones, tanto nuestros sentimientos como nuestras relaciones con los demás carecen de lustre y alegría; cometemos más errores y tenemos que repetir las cosas más a menudo; tendemos a ser cortos de miras tanto en nuestra vida personal como en la profesional; y, además, nuestro nivel de ansiedad oscila entre bajo y alto, lo cual refuerza nuestra sensación de inseguridad. Todo esto puede abocar en distintos niveles de depresión, turbación mental y escasez de confianza. Si no optamos por adoptar una actitud con una vibración más elevada, podemos quedarnos atrapados durante días o meses en unos hábitos previsiblemente estresantes que acaban convirtiéndose en algo normal para nosotros, sin darnos cuenta de que somos nosotros los que nos creamos nuestros propios obstáculos. Si nos quedamos atascados en este tipo de actitudes, no conseguiremos más que mermar nuestra calidad de vida a la vez que, a semejanza de un hámster en la rueda de su jaula, seguimos caminando en esa «aterradora rueda sin fin» y echándole la culpa a los demás de que chirríe.

Nuestros pensamientos y sentimientos influyen en la bioquímica que regula, en gran medida, nuestro estado de salud —sobre cómo nos sentimos, ya sea para bien o para mal—. Pero podemos comenzar a darle la vuelta a estos déficits de energía si tomamos conciencia de los pensamientos, sentimientos, las emociones y actitudes no son más que *frecuencias* que se pueden cambiar —siempre y cuando nuestra intención provenga del corazón—. Desde nuestra infancia, pero también de adultos, se nos dice constantemente que, cuando tratemos de asuntos importantes para nosotros, «debemos actuar de corazón». Eso se debe a que, a nivel subjetivo, sabemos instintivamente que el corazón tiene una capacidad de compromiso capaz de plantarle cara a cualquier circunstancia y triunfar en situaciones aparentemente insuperables.

Cualidades del corazón para la transformación personal

Si se suele decir que no aprovechamos más que un pequeño porcentaje de nuestro cerebro, ya verás lo que pasará cuando la ciencia se dé cuenta de lo pequeño que es el porcentaje que utilizamos del potencial de nuestro corazón. Uno de los objetivos de HeartMath es investigar justamente esto, además de aportar maneras de acceder a los infinitos beneficios de la inteligencia del corazón. Lo bueno es que no hace falta esperar a tener las bendiciones de la ciencia para empezar a disfrutar de los ilimitados beneficios de la intuición del corazón.

Cuando la mente y el corazón se ponen de acuerdo para ayudarnos a cumplir con nuestros compromisos, resulta más fácil transformar aquellos antiguos hábitos de conducta que ya no deseamos tener. Lo que más difícil nos resulta a la mayoría es cambiar esas profundas marcas emocionales que arrastramos desde el pasado. A veces es mejor ocuparnos de ellas en segmentos, poco a poco. Los patrones emocionales que tenemos ahí atascados son como unas viejas tuercas oxidadas que debemos empapar bien de lubricante para vencer su resistencia. Aceptar nuestras dificultades airosamente constituye un potente lubricante para desenroscar la visión intuitiva de nuestro corazón con el fin de afrontar con mayor eficacia los retos que se nos presenten en la vida.

Nos resulta más fácil aceptar nuestras resistencias cuando asumimos que gran parte de nuestra escasez de paz interior se debe al exceso incontrolado de la importancia que les asignamos a los problemas. Por ejemplo: lo que hace que un simple problema se convierta en una preocupación obsesiva o que un poco de ansiedad alcance niveles de pavor agobiante es el exceso de importancia que nosotros le otorgamos. Esa importancia desbocada confiere un tamaño desmesurado a los retos que se nos presentan, en particular a los emocionales. Un exceso de importancia y de dramatismo nos hace dudar de nuestra capacidad de afrontar la situación, lo cual se traduce en un alto nivel de ansiedad. Pero podemos aprender a darles menos importancia a las frecuencias mentales inferiores e interrumpir estos actos de piratería contra nuestra fuerza vital y nuestra paz individual. Al practicar la compasión por uno mismo (que no es compadecerse de uno mismo) es como si aminorara esa desmesura emocional que nos impide tener una visión más clara para tomar mejores decisiones. Al quitarle importancia, somos recompensados con rapidez porque no tardamos en darnos cuenta de sus beneficios.

A menudo, llenos de entusiasmo, nos ponemos elevadas metas para cambiar nuestros hábitos pero, con el tiempo, nos quedamos atascados al carecer de la paciencia, autoaceptación y autocompasión necesarias para soportar el proceso de cambio. Eso se debe a que no nos acordamos de utilizar las cualidades del corazón, que tan útiles nos serían en ese importante momento de transformación. No te sientas raro por cuidarte y sentir compasión por ti mismo. Hay de sobra para todos. En este caso sí que puedes comerte tu propia ración de la tarta. Al fin y al cabo, en el fondo todos somos seres afectuosos, independientemente de todas esas capas y revestimientos, en forma de hábitos de conducta, que hayamos adoptado a lo largo del camino. El despertar colectivo del corazón nos está pidiendo que nos quitemos la máscara y empecemos a mostrarnos más tal y como somos.

Energía estresada

Una energía llena de estrés e impaciencia limita nuestra capacidad de conseguir resultados favorables cuando nos corresponde tomar decisiones que necesitan de un discernimiento más afinado. Al forzar la energía se la impide fluir, lo cual nos crea contratiempos. En cambio, la paciencia y el sosiego crean un ambiente favorable para que la energía fluya al comunicarnos con los demás y al tomar decisiones. La mente es la que tiende a meterle prisa a la energía, mientras que el corazón prefiere el equilibrio, el ritmo y la fluidez. Cuando ambos cooperan, los resultados que se obtienen se adecúan más a las necesidades del momento.

Cuando la mente y el corazón cooperan entre sí, podemos interactuar y experimentar la vida de forma más acompasada y fluida. Esa cadencia implica una mejor estimación de los tiempos y una mayor sensibilidad en nuestros compromisos (algo parecido a cuando se sabe llevar el ritmo al bailar, lo cual evita tropezar). Recuerdo que, en mis años de estudiante de instituto, hacía todo lo posible para aprender los complejos pasos de la giga irlandesa pero, cuanto más me esforzaba por conseguirlo, más me regañaba la profesora; y cuanto más me regañaba, más presionado me sentía por conseguirlo, y más tropezones daba, hasta que, al final, me pasaron al grupo de repuesto. La profesora me explicó que mi mente estaba tan obsesionada con aprenderme los pasos que me bloqueaba y me impedía coger el ritmo –uno de los elementos más importantes.

De adulto, he observado que esta situación se repite en las muchas ocasiones en las que «tropezamos» con nosotros mismos al obligar a la energía a ir contracorriente (como nadar a contracorriente). Lo que tiene de mágico saber fluir y llevar la cadencia y el ritmo es que tanto evita como previene los obstáculos y el estrés a medida que avanzamos, lo cual constituye *un paso a favor nuestro* cuando conseguimos comprender lo importante que es aprender a ahorrar nuestra energía.

Cambiar la frecuencia de las actitudes inferiores

Todos sabemos que ciertas actitudes o tendencias pueden resultar más difíciles de cambiar, pero resulta más fácil cuando la mente accede a cooperar en armonía con los sentimientos y la intuición del corazón. Cada vez son más los que sienten, de forma intuitiva, que son capaces de reescribir determinados modelos de conducta y patrones emocionales que les consumen la energía. Cuando la capacidad de percepción de la mente se sintoniza con las valoraciones intuitivas del corazón, se obtiene una visión más completa de la situación y aparecen nuevas posibilidades.

Tanto las actitudes como las percepciones son como frecuencias preconfiguradas que almacenamos y activamos en determinados momentos, dependiendo de cómo nos sintamos o del nivel vibratorio de nuestra energía en ese momento. Casi todos hemos experimentado que, si somos capaces de mantener una actitud positiva, nuestras interacciones pueden «fluir» más y mejor. No es raro que, cuando nos encontramos ante alguna situación difícil, alguien nos diga: «Tranquilo, que tienes dónde escoger». Sin embargo, cuando funcionamos a frecuencias bajas, nuestros filtros eliminan las percepciones y *las opciones más efectivas*, por lo que tendemos a ver tan sólo *las opciones inferiores*, que son por las que acabamos optando una y otra vez para repetir las mismas lecciones desaprendidas. Normalmente, tenemos que repetir las lecciones antes de sacarles todo su rédito. Cuando nos cansemos de aprender las mismas lecciones, podremos conectar con el corazón y asumir nuestra parte de responsabilidad, pasar por encima de los dramas y las culpabilidades, y seguir avanzando con lo que hayamos aprendido. A veces esto nos saldrá con más fluidez mientras que, en otras ocasiones, las distintas piezas del engranaje chirriarán durante la transición.

Pensamientos y sentimientos negativos

A todos nos sucede que, a veces, nos surgen pensamientos negativos. Muchos de estos pensamientos o sentimientos pueden desaparecer rápidamente si reducimos el dramatismo y la importancia que les otorgamos. No es que seamos malos por tener pensamientos negativos, pero tenemos la opción de negarnos a ser el yoyó de sus estresantes invenciones. Hay muchas «goteras» por donde se nos escapa la energía y que nos bajan el nivel de vibración y de rendimiento, como, por ejemplo, la irritabilidad, la impaciencia, la frustración, etcétera. Dichas «goteras *asumidas*» de energía, como la impaciencia, por ejemplo, suelen acabar convirtiéndose con el paso del tiempo en un déficit espectacular si no nos «reseteamos» y las transmutamos en vibraciones superiores –como la paciencia, la resiliencia y el fluir–. Estos adictivos hábitos de bajo nivel vibratorio impiden que fluya nuestro espíritu, lo cual acaba produciendo grandes problemas técnicos en nuestros principales sistemas –mental, emocional y físico (sistema nervioso y demás)–, todo lo cual nos hace más vulnerables a los típicos problemas de salud resultantes de una constante sobrecarga de nuestro sistema emocional.

Cuando nuestro deseo sea genuino, el *apuntador de nuestro corazón,* su intuición, empezará a avisarnos de cuándo tenemos un nivel bajo de vibración y estamos entrando en fase de estrés por déficit de energía. Cuanta más atención le prestemos a dicho apuntador, mejor comprenderemos sus indicaciones, porque nos avisa de que nos están tentando para caer en los viejos patrones que no constituyen lo que nosotros hemos decidido ser, y nos da su apoyo para que regresemos a nuestras conductas y compromisos saludables. Aunque la mayoría estamos conectados al apuntador de nuestro corazón a un cierto nivel, dicha conexión nos abre gradualmente las puertas para que podamos escuchar mejor a nuestro guía interior. Algunos sabemos ya, por experiencia, que es más posible que la intuición se nos atasque si la intentamos escuchar con una mente desesperada, pero que resulta más accesible desde el silencio de un corazón sosegado y abierto.

Ejercicio rápido para reemplazar sentimientos de bajo nivel vibratorio

Este ejercicio rápido y sencillo puede servirnos para reemplazar los sentimientos de bajo nivel vibratorio (se parece al Ejercicio de Sobreprotección que se explica en un capítulo posterior).

1. Escoge un momento en que te sientas triste, inseguro, desconectado de los demás o que tengas cualquier tipo de sensación de bajo nivel vibratorio que quieras reemplazar por otra para sentirte mejor.

2. Encuentra un lugar en el que puedas pasarte unos pocos minutos respirando tranquilamente y, con cada respiración, imagínate que se te van calmando la mente, los sentimientos y el cuerpo.

3. Desde ese lugar de quietud interior, piensa en el tipo de sentimiento que quieres tener o que ya hayas sentido antes en algún momento que estuvieras más seguro de ti mismo. Al respirar, visualiza que ese sentimiento va llenando todo tu ser.

4. El último paso es seguir respirando unos pocos minutos con esa sensación en tu interior para que quede bien asentada. Si no funciona, pruébalo otra vez un poco más tarde. A veces soltamos demasiado rápido las cosas que más beneficiosas nos resultan.

Conviene recordar que los niños suelen servirse de la imaginación para transformar *rápidamente* la rabia y la frustración en alegría y felicidad. Aunque, de adultos, conservemos dicha capacidad, hemos aprendido y acumulado tal cantidad de programaciones mentales que ya está muy limitada esa conexión directa que teníamos de pequeños con el corazón y la resiliencia emocional. Lo más corriente es que, de adultos, tengamos que esforzarnos para volver a despertar esa conexión directa con la inteligencia de nuestro corazón y conseguir integrarla en nuestras interacciones, gracias a lo cual podremos tomar decisiones más equilibradas y optar por caminos que nos conduzcan más directamente a nuestros objetivos.

Si empezamos a practicar transmutando pequeñas sensaciones indeseables, con el tiempo llegaremos a poder reemplazar sentimientos, hábitos y estructuras mentales mucho más complejos. Aunque se puede aprender a abrir la puerta que conduce al potencial oculto de nuestro corazón, a veces tenemos que girar repetidas veces el pomo para que se afloje esa vieja costumbre de resistirnos a los cambios.

Más consejos para elevar nuestro nivel vibratorio

Si, a lo largo del día, nos conectamos repetidamente con sentimientos como gratitud, amabilidad, compasión, paciencia y una actitud de fluidez, conseguiremos mantener nuestra vibración a un nivel elevado al tiempo que eliminamos esos repetitivos déficits de energía. Además, estas cualidades del corazón nos permiten mantener un buen nivel de salud y de bienestar.

Otra manera muy útil de elevar nuestro nivel vibratorio consiste en tomarnos unos pocos días para volver a valorar nuestras amistades y conexiones a las que nos podamos haber acostumbrado o que, involuntariamente, se hayan convertido en algo cotidiano. El *acostumbrarnos* a nuestras relaciones es algo difícil de reconocer, que nos invade furtivamente y que acaba con la calidez y la «chispa» que tenemos con esas personas. ¡Proponte de corazón no «acostumbrarte» a las relaciones que tengas con tus seres queridos! Si hacemos del cariño y la gratitud nuestro *modus vivendi*, evitaremos ese *acostumbrarse* a las relaciones y las mantendremos vivas y actualizadas, porque el agradecimiento y la amabilidad son dos de las formas de expresar el *amor* que nos aportan los máximos beneficios que nos depara la vida.

La elevada vibración de nuestro auténtico ser genera un entramado de amabilidad, respeto y demás cualidades que constituyen las frecuencias cardíacas esenciales para aportar armonía a nuestras interacciones en la vida. De forma espontánea, nuestro corazón irradia cualidades como la gratitud y la compasión cuando nos comunicamos con las personas importantes de nuestro entorno. La humanidad es una cualidad que va más allá de *ser correcto* (amabilidad carente de calidez), lo cual no produce más que interacciones superficiales que carecen de los beneficios regeneradores de las auténticas conexiones entre las personas.

Por regla general, la calidez del corazón la expresamos con nuestra familia, mascotas y círculo de amistades pero, a medida que maduramos a nivel espiritual, ese sentimiento se expande también a más personas, aumenta nuestro respeto por la naturaleza y comienzan a entrarnos ganas de formar parte de algo especial —algo que sirva para el bien de toda la humanidad—. Desde ahí, nuestro amor madura y se vuelve incondicional, sin fronteras, gracias a cuya vibración conectamos más directamente con la intuición del corazón y aportamos más alegría y plenitud, al tiempo que colaboramos para que los demás también lo consigan. Pero podemos acortar todo este proceso aprendiendo a conectarnos con la intuición de nuestro corazón.

Abundan tanto los libros como los artículos sobre los beneficios de aplicar las cualidades esenciales del corazón, cuyos atributos esenciales no sólo nos elevan el nivel vibratorio en el plano personal sino también ambiental. Cada vez que aportamos la frescura de dichas cualidades del corazón, transformadoras por naturaleza, avanzamos también a nivel espiritual. No consideres tus prácticas como una disciplina, sino como una entrada libre a tu propio balneario de lujo en el que tienes garantizados cantidad de beneficios.

Principios activos de la oración y la meditación

Uno de los valores más preciados a nivel subjetivo de la oración o la meditación *hechas desde el corazón* es que nos suelen dejar con una sensación de calidez y confirmación interior. Aunque no recibamos una respuesta directa, no ponemos en tela de juicio nuestra alma o nuestra fuente interior porque esté demasiado ocupada atendiendo llamadas de otras personas (cosa que yo sí hacía de adolescente). Cada vez hay más personas que procuran establecer una conexión más profunda con el corazón porque no se contradice ni compite con su religión, su camino espiritual ni sus creencias sino que, al contrario, las fortalece. Creo que la mayoría coincidimos en que, sea cual sea la práctica espiritual que hayamos escogido, es importante añadirle las cualidades de la intuición de nuestro propio corazón.

Ser genuinos y conectarnos con nuestro corazón son los principios que nos activan la oración, la meditación, etcétera. Todos hemos sentido alguna vez la diferencia entre un cariño genuino y otro afectado. Cuando el cariño no es genuino, cuando no sale de verdad, es tan útil como si un «maniquí» de un escaparate le enviara cariño a quien le mira desde la calle. Por ejemplo, cuando bendecimos la comida, sabemos lo distinto que es si lo hacemos conectados con el corazón a si no es más que una repetición mecánica de una oración memorizada (y pensando que igual nos quedamos sin comer galletas porque acaban de presentarse en nuestra casa la mitad de nuestro equipo de fútbol, muertos de hambre y sin avisar). Si nuestras oraciones y meditaciones comparten protagonismo con nuestras otras preocupaciones, no alcanzaremos niveles vibratorios más elevados y, al final, ese rato lo desperdiciamos pensando en un montón de cosas inútiles que no vienen al caso.

Quietud

Muchas culturas espirituales coinciden en que la *quietud interior* aporta una energía a nuestro entorno que favorece el desarrollo de la conciencia, lo cual puede activar el poder transformador del amor. Por ello, en HeartMath, desde nuestros comienzos, hemos diseñado muchas de nuestras herramientas y, en particular, de nuestra tecnología para monitorizar y facilitar el acceso a esa quietud y a su conexión con nuestra sabiduría e intuición interiores. Déjate de misticismos y piensa en lo práctico y útil que te resultará esa quietud interior cuando vayas por la calle. ¿Cuántas veces les habremos dicho a nuestras amistades o a nuestros hijos que *guarden silencio* y nos escuchen con atención porque tenemos algo importante que contarles? Esto es porque al silencio interior le tenemos un gran respeto de forma innata. Pues entonces, ¿por qué no le sacamos el máximo provecho, permitiéndole que nos aquiete la mente y las emociones para que aprendamos a prestar atención a los consejos que nos dé nuestro ser superior?

Cuando la mente por fin se calla, nos encontramos de repente en la quietud interior y, desde ahí, podemos reconfigurar y mejorar nuestra forma de vivir. Cuanto antes aprendamos a valorar dicha quietud interior, menos tendremos que experimentar esas otras formas más estrictas que tiene la vida de empujarnos a interesarnos por metas superiores como la paz y la felicidad a nivel personal. Muchas veces decimos: «Si hubiera podido *preverlo*, habría actuado de forma muy distinta en esta situación». La quietud interior es uno de los requisitos para tener previsión y discernimiento. Es un lugar desde el que el corazón nos puede hablar sin que la mente lo saque a empujones. Pero, para «estar en silencio y saber», primero tenemos que tener suficiente quietud interior para saber escuchar.

Si queremos avanzar, es bueno reservarnos momentos para nuestra quietud interior y permitirle al corazón, a la mente y a nuestros sentimientos que se tomen un descanso de su permanente competición y que disfruten de un rato de paz informal los tres juntos. Para experimentar esa quietud se necesita un poco de práctica porque la mente siempre intentará ocupar ese espacio (o cualquier espacio cuando dejemos en la puerta una rendija).

Si la quietud interior no aportara grandes y elevados beneficios, imagínate la de *tiempo* (medido en siglos) que los meditadores y las personas espirituales llevarían desperdiciando a lo largo de la historia. Gracias a un refinamiento progresivo, dicha quietud se convierte en un ascensor que nos eleva interiormente hacia nuestra conciencia más elevada y nos evita el agotamiento de tener que subir por unas escaleras interminables. Estoy convencido de que esa quietud interior, que nos conecta con la inteligencia intuitiva de nuestro corazón, se convertirá en el más positivo paso hacia delante de la humanidad, en un antes y un después, no en calidad de moda o religión, sino por el hecho de ser una forma de vida de lo más cotidiana pero centrada en el corazón.

¿Cómo trasladamos los beneficios de ese silencio interior que nos aportan la meditación y la oración a nuestras actividades del día a día? Cuando funcionamos desde un *estado de sosiego* es la forma más natural de aprovechar la esencia de la quietud en nuestros quehaceres diarios. (En el siguiente capítulo trataremos en detalle cómo practicar ese estado de sosiego y los beneficios que nos aporta en los tiempos que corren). Podemos aprender a hacerlo respirando con esa actitud de sosiego en nuestra conciencia varias veces al día. De esta manera, los beneficios del silencio alcanzado en nuestra meditación se trasladan también a la vida cotidiana. Cuando tomamos decisiones desde el sosiego interior, evitamos que la impaciencia de la mente ensordezca los sabios consejos que nos susurre la intuición desde nuestro interior. Cuando actuamos desde ese lugar de sosiego interior estamos aplicando esa cualidad de la inteligencia del corazón que nos permite ahorrar energía al gestionarla mejor, evitando así tener que arrepentirnos más tarde de las decisiones que hayamos tomado y permitiendo que nuestros asuntos fluyan casi de forma mágica. Ese fluir es el camino más corto para que nuestros objetivos se hagan realidad.

La intuición del corazón

Cuando conectamos con la intuición del corazón (el guía interior) desde nuestro centro de quietud, desarrollamos nuestra capacidad de hacernos cargo del rumbo que tomemos y las decisiones que adoptemos. El corazón espiritual es uno de los aspectos más beneficiosos pero más infrautilizados de nuestra verdadera naturaleza y de todo nuestro potencial. Cuando la mente y el corazón no funcionan a la par, la mente suele apoyar las decisiones del ego en lugar de apoyar lo que constituiría el mejor resultado para todos, con lo cual se acumula un gran déficit energético que, a su vez, afecta al sistema nervioso y al emocional. Eso hace que descienda nuestro nivel vibratorio y solemos buscar algo externo a nosotros a lo que echarle la culpa en lugar de a nosotros mismos. Una manera de conectar mejor con nuestra intuición consiste en relajarnos en cuanto a la cuestión de intentar *saberlo todo* lo antes posible. A medida que fui tomando más conciencia de mí mismo, me di cuenta de que se me daba muy bien bloquearme la intuición para que no pudiera rivalizar con «lo que mi mente había decidido» que yo quería. Entonces advertí que a la mayoría de la gente le pasaba eso mismo, lo cual es una de las principales razones por las que, tradicionalmente, no se reconoce que la intuición es un sistema de orientación extremadamente inteligente y personal. Resulta cómico que, por un lado, *rechacemos los mensajes de nuestra intuición* y optemos por lo que quiere nuestro ego para, seguidamente, ir a clases de meditación *con la esperanza de desarrollar nuestra intuición*. El corazón es capaz de intuir cuáles serán las opciones con mejores resultados y les ofrece a la mente y a las emociones mejores rutas para evitar los escollos de la vida. Al prestarle profunda atención a nuestro corazón desde la quietud interior, puede forjarse un vínculo energético con la sabiduría y los consejos de nuestro verdadero yo, nuestra alma o nuestra conexión con la fuente (que cada cual le ponga los nombres que prefiera a estos estados elevados de vibración, ya sea alma, el ser interior, la fuente, etcétera, según sean sus creencias, origen sociocultural, nivel de estudios o experiencia personal). A diferencia de lo que podría pensarse, para avanzar a nivel espiritual, no es tan importante preocuparse de cuáles serían los nombres que mejor se adaptan a nosotros o a los demás. Por pura conveniencia, los suelo agrupar a todos en un mismo paquete al que llamo «mi montón». Por ejemplo, cuando se me presenta algo en la vida que me produce resistencias, me centro en mi quietud interior y conecto con mi montón para que me sugiera soluciones efectivas.

Hace mucho tiempo, buscaba constantemente la magia, los aspectos glamorosos de la intuición –poderes psíquicos, predecir el futuro, acertar la lotería, etcétera– en lugar de buscar en mi interior mejores respuestas, un discernimiento más profundo y unas opciones más equilibradas. Cuando nos enamoramos por primera vez de la intuición y de sus posibilidades, es normal caer en el deseo de malcriar al ego. Sin embargo, unos problemas de salud me llevaron a profundizar en la intuición para tener una visión más clara de mis decisiones diarias y de cómo servir a la humanidad. Al enfocarme en lo realmente importante, los extras vinieron de forma natural como complementos de los logros pero no en calidad de parámetro según el que determinar lo que se logra.

¡Dicho esto, claro que también me gustaría ganar un montón de millones en la lotería e irme corriendo a la tienda «El Chollo» para volverme loco comprando cosas sin tener que fijarme en el precio que marca la etiqueta! Después, me iría al concesionario de Bentley/ Rolls Royce y les encargaría un humilde cochecito (se entiende que todo esto es una broma sobre la vanidad de la sensación de culpabilidad del que nada en la abundancia). No tenemos por qué arrepentirnos de que nuestra abundancia personal incluya cosas buenas. Aunque muchas personas lo tienen claro a nivel intelectual, algunos se quedan aún atrapados en esa culpabilidad, lo cual les impide disfrutar plenamente de la abundancia de que disponen.

Si ése es tu caso, ya va siendo hora de que te liberes de esas restricciones y dejes de castigarte por ser feliz.

Nuestra dignidad interior

La auténtica dignidad, no la fingida, es una potente frecuencia cardíaca sobre la que se sostiene la compostura interior, en particular cuando nuestras interacciones adquieren un tono que empieza a poner en peligro nuestra integridad. Puede que a veces nos sintamos exhaustos e inseguros por la sobrecarga que nos producen los cambios, lo cual es comprensible, pero eso constituye una oportunidad perfecta para renovar nuestra dignidad y ser compasivos con nosotros mismos con el fin de reabastecernos de resiliencia —particularmente cuando la vida nos fuerza a tomar decisiones más deprisa de lo que nos permite nuestra capacidad de determinar el rumbo a seguir—. Cuando nos establecemos en la vibración de la dignidad y el aplomo, se multiplican nuestras dotes para evitar y reducir el incesante flujo de preocupaciones (aceleración del envejecimiento). Aunque la mente lleve mucho tiempo esforzándose inagotablemente por legalizar nuestras preocupaciones, nuestra inteligencia del fondo del corazón nos avisa, en ocasiones, de que las preocupaciones incrementan el estrés y se nutren de nuestra salud y bienestar. Trataremos más el tema de las preocupaciones en el capítulo 10.

El auténtico ser

Nuestro auténtico ser es un nivel de vibración interior accesible que alberga la sabiduría e inteligencia de nuestro corazón. Desde esta vibración más elevada nos conectamos en armonía con el corazón de los demás y de todas las formas de vida, a la vez que, de manera natural, rezumamos compasión y amor incondicional, libres del exceso de apego por los demás, por los problemas y los resultados. Intentar ser perfectos o librarnos de aprender y crecer no son indicadores de que hayamos avanzado a nivel espiritual. En cambio, aceptar nuestra falibilidad es un paso de gigante hacia la autenticidad, la cual se desarrolla a medida que elevamos el nivel vibratorio de nuestra vida mediante las interconexiones realizadas desde el corazón, la aceptación y la ausencia de prejuicios, pero sin dejar de incluirnos a nosotros mismos en nuestro amor.

Nadie espera de nosotros que consigamos funcionar desde el nivel vibratorio más elevado de nuestro auténtico ser de un día para otro, sino que es un proceso que se va desplegando a medida que nuestro compromiso se vuelve más genuino —siempre y cuando no desperdiciemos nuestro arrojo mirando por encima del hombro para regodearnos de nuestros logros—. Si estamos demasiado pendientes de lo que avanzamos corremos el riesgo de ponernos más trabas, sobre todo si sólo lo hacemos para deleite de nuestro ego. Cada vez somos más los que deseamos empezar de nuevo en nuestra vida desde cero, dejándonos guiar por el corazón y actuando con amor en ámbitos en los que, normalmente, nos han sido vetados. Aunque tendremos nuestras razones para mantener el corazón a cierta distancia de los demás, quizás haya llegado el momento de replanteárnoslas y descubrir si se trata de razones adquiridas que, en realidad, no nos representan.

La humanidad está haciendo una transición hacia un estado de conciencia que emancipará al poder creativo del sentimiento de unión y nos ayudará a comprender que la vibración del corazón es la que establece la diferencia entre la sensación de separación y la de estar interconectados. El incremento de interacciones desde el corazón elevará paulatinamente el nivel vibratorio de la conciencia colectiva, lo cual aportará el marco ideal para tomar conciencia de que el amor incondicional e inclusivo, junto con la compasión, constituye la próxima etapa de existencia inteligente, de la cual llegarán a beneficiarse millones de personas, y sistemáticamente cada vez más, mucho antes de que la humanidad en su totalidad decida establecerse en ella.

Sin embargo, deben respetarse las opciones y los tiempos de cada cual sin enjuiciamientos ni condescendencia. A medida que seamos más numerosos los que funcionemos desde nuestro auténtico ser, se incrementará también de forma natural el poder fortificante de nuestra compasión colectiva, lo cual servirá para que los demás se deshagan de esas creencias limitadas que constriñen al potencial humano que reside en la fuerza que se esconde en el corazón. Están abriéndose las puertas del corazón global y, en mi opinión, las calles se verán cada vez más inundadas de ríos de amor.

CAPÍTULO 8

FUNCIONAR DESDE EL SOSIEGO
POR DOC CHILDRE

El «sosiego» es un estado interior que nos permite navegar con soltura por entre las energías y ritmos de las experiencias de nuestra vida. Al funcionar desde dicho estado nos resulta más fácil conectar con la intuición y consejos de nuestro corazón para obtener ideas creativas, soluciones prácticas o para tomar opciones eficaces para afrontar la mayoría de las situaciones.

Aunque mucha gente entiende intelectualmente en qué consiste el sosiego, las presiones a nivel mental y emocional suelen impedirnos percatarnos de la gran utilidad de llevarlo a la práctica, sobre todo en las ocasiones que requieren de un discernimiento más profundo y de decisiones más sabias.

A medida que se acelera cada vez más el ritmo de nuestra vida, llega un momento en que no nos dan más de sí la mente ni las emociones a causa de la velocidad a la que tenemos que tomar las decisiones por culpa de la presión a la que nos someten las responsabilidades y compromisos. Hasta parece haberse acelerado el «ahora» –si antes duraba un momento completo, ahora tengo la sensación de que ese espacio de tiempo también se ha reducido–.

La práctica de «respirar sosiego» nos permite ralentizar la frecuencia vibratoria de la mente y de las emociones con el fin de que la intuición de nuestro corazón tenga más posibilidades de sopesar las decisiones y las acciones. En la mayoría de los casos, la velocidad y agresividad de la mente y las emociones enmudecen nuestros sentimientos y la intuición del corazón. En cambio, con el sosiego interior se crea un espacio para acoger las sugerencias y sensaciones de la intuición que emite la inteligencia de nuestro corazón. El sosiego no sólo no entorpece el acto de pensar sino que, bien al contrario, le aporta más claridad.

Los beneficios de la práctica del sosiego ya han sido confirmados por varias investigaciones realizadas en HeartMath, en las cuales, la técnica de respirar sosiego ha desempeñado un papel fundamental para que se ralenticen las vibraciones mentales y emocionales de los sujetos con el fin de que las sensaciones que les transmitía su intuición pudieran traducirse en razonamientos y decisiones de mayor calidad.

Vamos a analizar detalladamente las pocas maneras en las que la gente utiliza ya, de forma natural, el sosiego en la vida diaria, así como algunos métodos avanzados de aprovechar el sosiego para obtener los resultados deseados. Todo ello nos servirá para obtener una comprensión y respeto más profundo por las ventajas y los beneficios de esta práctica de sentido común.

Cuando, a veces, les decimos a los niños y a los amigos que se calmen y que escuchen con atención, es porque, en el fondo, nuestra intuición nos dice que, cuando se nos sosiegan las vibraciones mentales y emocionales, somos capaces de prestar más atención, de escuchar más atentamente, de comprender lo que se nos dice así como de sentir que se nos ha escuchado con interés –algo casi inalcanzable hoy en día (lo más gracioso es que puede que notemos los beneficios y la inteligencia del sosiego cuando los demás nos escuchen desde dicho centro de tranquilidad, pero, en cambio, puede que nos pasemos los días sin plantearnos «sosegarnos» en nuestras interacciones).

Cabe destacar que no estamos hablando de un estado de adormecimiento ni de «globo» ni de «de estar colgado». Sé que el término «sosiego» puede resultar un poco cursi, como una mariposa haciendo ballet o algo así, pero conviene no infravalorar su fuerza y eficacia.

Muchos atletas de élite saben mantener un estado de sosiego mental y emocional mientras compiten en una carrera. Sobre todo los olímpicos saben que, con la mente y emociones sosegadas y bajo control, consiguen que resuenen, de forma sincronizada, el corazón, la mente y los sentimientos, lo cual les incrementa las posibilidades de alcanzar sus objetivos y se traduce en mejores resultados. Asimismo, cuando estamos en ese estado de sosiego, las emociones nos rebotan con más facilidad cuando nos sentimos frustrados o decepcionados, algo realmente importante.

Grupos especiales de las Fuerzas de Seguridad, como los Navy Seals, utilizan la tecnología de coherencia llamada emWave, desarrollada por HeartMath, para incrementar sus niveles de coherencia porque eso les ayuda a mantenerse sosegados interiormente. Además, dicha práctica refuerza la agilidad mental y la receptividad a los impulsos de la intuición, algo imprescindible cuando tienen que tomar decisiones en situaciones críticas.

Muchas veces nos decimos a nosotros mismos: «Tranquilízate y deja que todo fluya». Una técnica avanzada para encontrar dicho fluir es aprender a crearlo uno mismo, sobre todo en situaciones en las que nada fluye. Nuestro corazón sabe cómo conseguirlo. Cuando un surfista experimentado se deja fluir, no depende de que haya olas perfectas porque «fluir» consiste más que nada en saber adaptarse a unas olas intimidantes o a una meteorología muy alterada, y porque él está establecido en su equilibrio interior y crea su propio fluir, el cual se adapta a las circunstancias medioambientales.

Todos nos pasamos la vida *surfeando* por entre los potenciales, los desafíos y las incongruencias de la vida. Cómo abordemos todo esto es lo que determina nuestro nivel de fluidez o de acumulación de estrés por resistirnos a las situaciones. Con esta práctica aprendemos a fluir porque conseguimos regular el equilibrio y la cooperación entre el corazón, la mente y los sentimientos (coherencia).

Nos pasamos la vida recordándonos los unos a los otros: «Respira». Lo que nosotros decimos, en HeartMath es: «Sí, respira, pero añadiéndole una actitud de sosiego y calma a esa respiración porque eso nos permitirá aquietar la mente y las emociones, así como acceder a los consejos intuitivos de nuestro corazón.

Es importante aprender a distinguir cuándo nos sentimos realmente sosegados en vez de dar por sentado que lo estamos. La técnica de respirar sosiego a lo largo del día nos permite anclar ese patrón en nuestra memoria celular y, con la práctica, uno se da cuenta de que cada vez le resulta más fácil estabilizar sus emociones y mantener el equilibrio interior.

Repito que, cuando hablo de respirar sosiego, lo único que quiero decir es que, mientras seguimos respirando de forma natural, visualizamos que inhalamos una actitud de calma y de sosiego –igual que cuando se lo explicamos a los niños.

Éstos son algunos ejemplos de momentos en los que nos podemos pasar un rato respirando sosiego:

- Cuando queremos evitar o reducir la ansiedad.
- Cuando nos encontremos en una situación especialmente dramática (respirar sosiego nos hace recordar que, si no podemos salirnos de dicha situación, podemos practicar el estar «ahí» pero «sin ser parte» de ella).
- Para proteger o recuperar la compostura a nivel energético después de alguna experiencia sobrecogedora.
- Antes de y durante las reuniones (al respirar una actitud de sosiego se establece una disposición interior a escuchar mejor, a comprender mejor y a conservar nuestro equilibrio emocional. Sin embargo, si perdemos dicha compostura, el sosiego nos ayuda a volver a nuestro centro más rápidamente, sobre todo cuando estamos en medio de una discusión acalorada).
- Antes de responder a un correo electrónico irritante, respira sosiego y asienta bien la mente y los sentimientos (así puede evitarse muchas veces el caos emocional y el tiempo que perdemos en recomponernos).
- Para acceder o restaurar la paciencia y la resiliencia en cualquier momento que nos sea necesario (cuando nos entran las prisas, lo que más nos suele faltar es el sosiego y, al respirar,

conseguimos desarrollar más tolerancia, la cual desarma a la impaciencia).

- Cuando tenemos que tomar decisiones importantes. Para ralentizar el ajetreo mental y emocional con el fin de poder atender a nuestra intuición.
- Cuando necesitamos ser creativos, ya que el sosiego nos activa (o da rienda suelta a) la intuición.
- Antes de dormir, si tenemos problemas para conciliar el sueño.
- Cuando los problemas de la vida nos llegan más rápido que las soluciones.

Practicar el sosiego interior en momentos de gran incertidumbre a nivel global, de grandes cambios planetarios y de fuerte actividad solar o electromagnética nos permite ahorrar mucha energía y tiempo muerto. Todos estos fenómenos ambientales pueden provocarnos una mayor excitabilidad, la cual, a su vez, afecta al sistema mental-emocional de maneras completamente inesperadas (fallos de la memoria, confusión mental, ansiedad, explosividad, irritabilidad, dolores en zonas del cuerpo poco corrientes, insomnio, euforia, depresión, etcétera). Si notamos que tenemos estos síntomas, nos conviene respirar sosiego y contar con más tiempo para tomar decisiones, discernir y comprobar si nos comunicamos bien con los demás. Es mejor tomarse la vida paso a paso y tomar las decisiones desde ese espacio interior de sosiego porque nuestras opciones serán más acertadas y disfrutaremos de un mejor estado de salud al evitar el estrés.

Para muchos de nosotros lo difícil no es acceder a ese estado interior de sosiego sino acordarnos de hacerlo, sobre todo cuando más lo necesitamos. Si lo conseguimos, tenemos la oportunidad de actuar y reaccionar desde nuestro verdadero ser en lugar de ser reactivos desde ese «otro yo» previsible y mecánico. El sosiego es otro de los regalos de alto nivel vibratorio que nos aporta la inteligencia del corazón.

CAPÍTULO 9

NUESTRA CONEXIÓN ANÍMICA Y CÓMO DESCUBRIR NUESTRO PROPÓSITO

POR DOC CHILDRE

Aunque existen innumerables creencias y teorías sobre el alma, la fuente, el ser superior, etcétera, nunca se ha podido demostrar su existencia científicamente. Si esos términos no cuadran con tus percepciones y creencias, puedes ignorarlos porque ello no te va a impedir seguir avanzando hacia el objetivo de convertirte en quien realmente eres. Conviene saber que no hace falta comprender perfectamente qué es el alma o ni tan siquiera creer en ella para obtener todos sus beneficios, porque tu propio espíritu se encargará de aportarte, en el momento perfecto para ti, todo lo que tengas que comprender de tu alma, de tu auténtico ser y de su preciado potencial.

Hay muchas personas que están llenas de compasión, amabilidad, dedicación por los demás y otras formas de expresar el amor aunque no crean ni se interesen por ningún tipo de enseñanzas que tengan que ver con el alma ni con la *fuente* de la existencia. Se puede ser perfectamente responsable de uno mismo y servir a los demás a través del cariño con el fin de promover la paz y la felicidad global aunque uno prefiera no ponerle etiquetas ni nombres a ese lugar de donde procede toda esa energía.

Los siguientes párrafos, que tratan sobre el alma, expresan mis creencias y puntos de vista personales sobre mis experiencias y mis estudios. Aunque son cosas que ahora me resulta útiles, he aprendido que no hay que cerrar las puertas a expandir o modificar las creencias, sino permitir que nuestro propio guía interior escoja, con su discernimiento, qué percepciones y sentimientos con respecto al alma y al auténtico ser son los que nos convienen. Es prudente no estar de acuerdo con mis percepciones (o con las de cualquier otra persona) en lo referente a temas como el alma, la fuente, el auténtico ser o cualquier otra cosa sobre la que yo haya podido escribir, sin tamizarlo antes mediante el discernimiento y los profundos sentimientos del corazón de cada cual. Hoy en día es importante que cada individuo se apoye más en sus propias evaluaciones, sobre todo ante la cantidad ingente de nueva información que aparece constantemente en temas relacionados con la espiritualidad, la conciencia, el espacio interior y exterior, y demás. Es de esperar que nos cambien las percepciones y formulaciones varias veces a lo largo de la vida a medida que se nos expande la conciencia.

Al vivir desde el corazón desarrollamos la resonancia y cooperación entre el corazón, la mente, el cerebro y las emociones. Si todas estas energías no trabajan en equipo, sino obedeciendo a sus deseos y programas individuales y opuestos, se generará gran cantidad de estrés (o la mayor parte de él) porque esas divisiones de nuestro organismo producen una incoherencia que coarta esa energía del espíritu y del corazón que constituye nuestra fuente de alegría y de sensación de bienestar. Cuando andamos bajos de energía del corazón, nos sentimos menos amables, los demás nos importan menos y conectamos menos con ellos, e interiormente nos sentimos dispersos. Nuestros esfuerzos por ser felices suelen estar mal concebidos, carecen de entusiasmo y, por ello, es fácil sentirnos trastornados. Pero podemos cambiar este patrón si comprendemos lo importante que es la coherencia y la utilizamos para volver a sincronizar la mente y los sentimientos con el corazón varias veces a lo largo del día. Cualquier momento es bueno para practicar la coherencia cardíaca con el fin de reforzar nuestras conexiones intuitivas, la resiliencia y el equilibrio emocional, sobre todo en épocas de intenso estrés personal o global. El alma nos apoya y anima a alcanzar niveles superiores de coherencia porque contienen las frecuencias y vibraciones óptimas para irradiar armonía, tomar mejores decisiones y sentirnos más plenos. Asimismo, la coherencia también constituye el punto de referencia para cualquier práctica de sanación holística.

Mi experiencia es que el alma y el auténtico ser son aspectos de nuestra existencia que vibran a una frecuencia de conciencia superior a la de la percepción ordinaria del ser humano –pero sólo hasta que nuestra percepción consciente se fusiona con dicha vibración superior al cabo del tiempo–. Lo que yo percibo es que el propósito colectivo de la humana pasa por elevar el nivel vibratorio de la conciencia, lo cual genera un campo de energía que favorece el establecimiento de unas bases de coherencia y armonía que aportarán paz y crearán un mundo que prospere y no sólo se conforme con sobrevivir. En mi opinión, toda esa sabiduría de nuestra alma, acumulada a base de muchas experiencias, está a nuestra disposición para aportarnos amor incondicional, sanación y consejos inteligentes; y también que nuestra mente y corazón superiores constituyen los principales receptores de la sabiduría y consejos de nuestra alma, aunque la energía del alma abarque todo nuestro ser.

Desde hace siglos oímos decir que en el corazón hallaremos la respuestas a nuestras preguntas, así como consejos e instrucción para alcanzar la plenitud. Mi sugerencia es que, en un futuro previsible, esto se aceptará cada vez más y será corroborado por cada vez más personas, porque son muchos los que ya poseen una conexión más profunda con su guía interior. Cada vez son más los que sienten curiosidad por los asuntos del alma junto con una inquietud por abrirse a las revelaciones inteligentes de su propio corazón. Al explorar el potencial del corazón espiritual mediante la oración o la meditación, aprendemos paulatinamente a distinguir entre lo que son consejos del corazón y lo que son payasadas de la mente. Casi todos hemos experimentado el vaivén de inseguridad al intentar discernir la autenticidad de nuestra voz interior. Hasta puede que, en ocasiones, nos preguntemos si las oraciones y meditaciones van a parar a algún sitio donde sean tomadas en serio.

A medida que nos volvamos más sensibles a nuestra vibración superior nos será más fácil reconocer la autenticidad de los consejos y las pautas del corazón y del alma. El mismo deseo sincero de conectar con la vibración del alma hace que los beneficios de ésta se hagan más patentes en nosotros, tanto a nivel mental como emocional y fisiológico. No esperes que el alma se te presente de repente con un carnet de identidad, con foto incluida, y te pregunte: «¿En qué te puedo ayudar hoy?». Simplemente busca conectarte con el alma desde el corazón, con sosiego y sin expectativas de «fuegos artificiales» y, de esta manera, hasta tu entorno resonará contigo y permitirá que te vuelvas cada vez más perceptivo a la esencia de tu propia alma.

Conseguiremos tener una relación más directa con nuestra alma cuanto más la despojemos de toques de misterio y de complejidad. Para que nos resulte más claro: imagínate, con toda tranquilidad, que tu alma forma parte integral de ti mismo, que te ayuda a echar una mirada, a vista de pájaro, de unos caminos y pautas menos abarrotados para avanzar por entre las oportunidades y los desafíos de la vida. No es que ya no tengamos que tomar más decisiones, sino que veremos con mayor claridad cuáles son nuestras mejores opciones al ser más capaces de prestarle atención a los sabios consejos de nuestro corazón. El corazón traduce al lenguaje de nuestro nivel cotidiano las opciones del sutil nivel vibratorio procedentes de nuestra alma y de nuestro ser superior, lo cual nos refina la conciencia para poder poner rumbo hacia el objetivo más elevado. El alma ni se dedica a perseguirnos para doblegarnos y obligarnos a ser unos «autómatas benditos», ni a vigilar qué es lo que escogemos o lo que no, porque su amor es incondicional —es permisivo—. Lo más cómico es que probablemente nos resultaría incluso más fácil si el alma y nuestro auténtico ser nos impusieran directamente sus sabias opiniones.

Al incluir, de forma consciente, la sabiduría y los consejos de nuestra alma en las interacciones de nuestra vida, liberamos el amor incondicional, la compasión y la inteligencia del corazón que ya poseemos, lo cual eleva nuestro nivel de conciencia para poder incluir a *la humanidad en su totalidad*, con la cual estamos conectados a nivel energético. El alma y el ser interior funcionan al unísono y se conectan con otras almas a nivel de la energía. Al expandir nuestro amor mutuo nos resulta más fácil acceder a nuestra alma y a los consejos de nuestro ser verdadero. Estoy convencido de que el *amor* constituye la palabra clave para acceder al siguiente nivel de conciencia, así como la forma más rápida de subir por esta escalera de caracol a la que llamamos «el camino». Siempre tenemos el alma en posición de *stand-by*, preparada para guiarnos en este proceso.

No te consideres indigno de recibir la ayuda de tu alma. Si estás leyendo algo sobre cómo conectar con tu alma, o reflexionando sobre ello, es que estás especialmente preparado para que te ayude a convertirte en tu propio ser. Convertirte en lo mejor que hay en ti implica fusionarte con el nivel vibratorio más elevado de ti mismo, lo cual también constituye el siguiente gran paso de la humanidad hacia la expansión de su conciencia.

Nuestra alma no vive aislada en un castillo al final de una escalera interminable. Somos muchos los que ya hemos ascendido por todos esos escalones y ya va siendo hora de facilitar las cosas y de encontrar un camino más recto hacia nuestra alma y nuestras facultades superiores. Podemos aprender a respirar para sumergirnos en la *quietud* de nuestro corazón, lo cual refuerza nuestra conexión con las virtudes de la vibración del alma.

Te voy a explicar lo que a mí me funciona. Para centrarme en mi quietud interior, me siento y me paso unos minutos respirando conscientemente. Al tomar el aire, visualizo que inhalo un amor divino que inunda todo mi ser. Al espirar, irradio un *sentimiento* de gratitud. Esta práctica eleva mi nivel vibratorio y hace que el corazón, la mente, las emociones y el cuerpo se me *sincronicen en coherencia* y en *quietud*. Esta resonancia constituye un canal de energía por el que el amor y los consejos de mi alma y mi auténtico ser pueden integrarse más fácilmente con mi vibración humana normal. Si decides probarlo, ten paciencia hasta llegar a encontrarle el punto a este proceso porque, si te entra la prisa, la mente se creará demasiadas expectativas demasiado pronto y lo más probable es que te desanimes y dejes de hacerlo.

El alma es la que decide cuál es el método que mejor nos va según sean nuestras necesidades superiores, las cuales no siempre coinciden con las de nuestra personalidad (aunque a veces sí). Uno no tarda en comprender que el alma no es un «mercadillo» de complementos para el ego, sino que nos ayuda a transformar todos esos residuos del pasado que ha ido generando nuestro ego. El presente es donde se forja el proyecto de futuro. Al fusionarnos gradualmente con el alma y nuestro auténtico ser, se eleva nuestro nivel vibratorio, cuyo campo magnético aportará resultados más avanzados y una paz más profunda. A medida que la energía del alma adquiere mayor presencia en nuestra vida, conseguimos manifestar mejor todo nuestro potencial, servir a los demás y expandir nuestro cariño más allá del pequeño círculo de personas queridas para abarcar a toda la colectividad. Esto es algo que ya experimenta mucha gente, en especial los más jóvenes. Aunque también tengan su parte de dificultades en la vida, parecen estar más conectados con sus cualidades naturales, su talento y los dones de su potencial superior. No tardaremos en necesitar una palabra con más sentido que *talento* para conseguir designar esas habilidades tan polifacéticas que poseen los jóvenes de hoy en día. De hecho, esto es algo que ya está pasando. Todos tenemos una vibración especial que colabora con la colectiva cuando funcionamos desde el espacio de nuestro corazón.

Siento que gran parte de la humanidad conectará con el corazón a nivel más profundo, lo cual nos proporcionará mayor seguridad, independientemente de los retos que surjan como consecuencia de los cambios globales inesperados. En mi caso particular, una variedad de serias complicaciones fueron las que me lanzaron, por primera vez, hacia la búsqueda de una conexión *más profunda con mi corazón* para encontrar soluciones y orientación. Al igual que muchas otras personas, yo intentaba reprimir los consejos intuitivos de mi corazón para que no supervisaran ni obstaculizaran lo que mi mente ansiaba ni mis decisiones distintas de la corriente principal pero, una vez harto de tantos problemas y dolor a nivel emocional, acabé por darme cuenta de que podía conectar con el guía de mi corazón sin necesidad de que me inspiraran a ello la tristeza y el arrepentimiento. Aunque el dolor no fue mi camino favorito hacia el corazón, sí que le estoy agradecido por haber construido una puerta hasta que aprendí que el amor y la amabilidad constituían un camino mucho más fácil. Si nos ponemos a ello con ganas, todos podemos establecer este tipo de conexión con la intuición de nuestro corazón, lo cual nos cambiará la vida. Al expandir nuestro amor, atención y amabilidad hacia los demás, se nos activa de forma permanente la conexión con la intuición de nuestro corazón como algo muy práctico para la vida, no tan sólo como una moda que se nos pasa con el tiempo, porque, dentro del corazón y del alma, tenemos una reserva interminable de amor que sólo espera a que le abramos la puerta para salir en tromba.

La sabiduría de nuestra alma se parece a una *aplicación* que se activa cuando nos establecemos en nuestro centro y conectamos con el corazón. A medida que la energía de nuestro corazón está cada vez más presente, se vuelven más claros los mensajes que nos envía nuestra intuición. Cuando nos dedicamos a sintonizar con la vibración del corazón y de la quietud, nos resulta más fácil eliminar cualquier *interferencia* que pueda dificultarnos la recepción y comprensión de nuestra intuición.

Para conectar con el guía de nuestro corazón y permitir que se manifiesten todas esas destrezas que tenemos a nivel potencial, no hace falta leer un montón de libros, ni ser un experto en tecnologías, ni estar al día de las últimas tendencias espirituales ni de su jerga. Hoy en día son muchas las corrientes que animan a la gente a explorar su propio interior para encontrar sus propias respuestas, y eso acabará convirtiéndose en la tendencia principal a medida que haya cada vez más personas espiritualmente maduras y que deseen conectar más profundamente con su auténtico ser por sus propios medios.

Aunque HeartMath y muchos otros métodos pueden servir de fuente de inspiración, no hace falta que dependas de ellos porque tú ya tienes tu propio guía dentro de tu corazón y de tu alma, lo cual es uno de los más importantes mensajes de mis libros –todo lo demás es información de «relleno» con la esperanza de animar a la gente a explorar y contactar con la inteligencia de su propio corazón y encontrar en sí mismos la ayuda que necesitan.

Tanto las técnicas de HeartMath como cualquier otro sistema pueden usarse como cuando aprendimos a montar en bicicleta de pequeños con las ruedecitas de atrás, esas que nos ayudaban a mantener el equilibrio y a desarrollar nuestra habilidad hasta que, al poco tiempo, fuimos capaces de montar en bicicleta sin esa ayuda. Ponte como objetivo empoderarte y desarrollar la confianza en ti mismo que eso conlleva, y recuerda siempre que todo el amor y la atención que le puedas dedicar al planeta y a toda la vida es tan importante como el de los demás. Si sientes que no llegas a eso, proponte entonces cambiar todas esas creencias y esa mentalidad que te mantienen en esa vibración inferior de autolimitación.

Todos somos igual de importantes pero la conciencia y la percepción varían porque cada individuo tiene su momento distinto para realizar sus propios cambios en su conciencia individual. Esto se basa en determinadas lecciones que la vida nos hace experimentar para liberar el poder de nuestro amor. Si comparamos nuestra conciencia con la de los demás podemos acabar sintiéndonos inferiores o superiores a ellos en determinadas etapas de la vida, lo cual es una característica normal del ego –la vanidad de sentirnos especiales (o no especiales)–. Pero a medida que nos abrimos más y nos hacemos más conscientes del camino del amor, la amabilidad y la compasión, el ego va dejando paulatinamente de constituir un problema. A medida que cuidamos más nuestras interacciones y mantenemos viva la humildad, conseguimos avanzar más rápidamente, fluyendo más y resistiéndonos menos.

Propósito

Cuando la gente toma conciencia del camino, acaban sintiendo curiosidad por cuál es su *propósito*, algo que muchos ya sentimos. Mientras que algunas personas tienen esa conexión con su propósito desde la infancia, otras lo buscan por todas partes a través de maestros o de señales que se lo puedan indicar, al tiempo que otras personas no se preocupan de momento por este tema. Al iniciar nuestro camino, puede que sintamos que se producen algunos cambios en lo que consideramos nuestro propósito. Esto se debe a que, al empezar a crecer la intuición del corazón, se nos eleva la vibración y la conciencia, lo cual suele cambiar el rumbo de nuestros deseos e intereses.

La práctica de conectar con la intuición del corazón constituye un buen estímulo para que se nos revele nuestro propósito en unas etapas de nuestro desarrollo perfectamente sincronizadas. Cuando la mente deja por fin de buscarlo ansiosamente, se producen cada vez más sincronías que sirven para iluminarnos el camino, y la búsqueda de nuestro propósito se convierte en toda una apasionante aventura a medida que las piezas del rompecabezas nos empiezan a aparecer por los rincones más inesperados.

Si eres de los que se entrega a las cosas que les apasionan para poder descubrir tu propósito, conviene comprender que la energía de esa pasión se alía con el mejor postor –a veces puede ser el deseo de nuestra intuición pero, en muchas otras ocasiones, son las ambiciones de nuestro ego. En algunas ocasiones, lo que sentimos como un arrebato de pasión resulta ser una energía desatada por el ego y por la mente, sin que nuestro corazón lo haya podido discernir. Aunque esto no sea lo más frecuente, revisa la situación periódicamente para ver si ése es tu caso. En cambio, hay ocasiones en las que la dirección que nos indica el corazón está en sintonía con lo que sentimos que es nuestro propósito pero no nos acaba de entusiasmar. Entonces, la pasión por ese objetivo se nos desarrollará más adelante, cuando hayamos madurado un poco más espiritualmente en determinados aspectos.

Cuando caí en la cuenta de que yo llevaba tiempo buscando por todas partes el propósito de mi corazón con la mente, me liberé por fin del *glamour* de estar tan enfrascado en dicha búsqueda y aprendí a fiarme de los consejos de mi corazón para ir atando cabos. Esto fue lo que me reveló mi corazón: *el paso más importante* para manifestar mi propósito consiste en aprender a prestar atención a los consejos de mi corazón, independientemente de lo que yo decida que es mi vocación o de cómo se desarrolle mi vida.

Al confiar más en la sabiduría de mi corazón obtuve un punto de referencia que hizo que se me sincronizara más fácilmente mi propósito interno con el externo. Me aumentaron el entusiasmo y la sensación de cumplir con una misión a medida que fui afrontando las lecciones de la vida de forma más madura. La vida misma me hizo ver que otro aspecto clave de mi propósito consistía en aprender a utilizar la inteligencia de mi corazón para superar la transición entre el egocentrismo y un amor expansivo por la totalidad. Empecé a distinguir entre quién soy y quién pensaba que era, y me di cuenta de que, si quería convertirme en mi auténtico yo, tenía que aprender a liberar el amor dinámico que sentía en mi interior pero que era incapaz de expresar plenamente porque no conseguía amarme a mí mismo.

Hace años, el concepto de amarse a uno mismo me echaba para atrás porque me sonaba a egocentrismo, pero empecé a percibirlo de otra manera cuando me di cuenta de que quererme a mí mismo no consistía más que en poner en práctica las cualidades naturales del corazón como gratitud, paciencia, ser más amable y compasivo conmigo mismo, incluir a mi corazón en mis decisiones, ocuparme de mi entorno interior y exterior pero sin prejuzgarlo, despojarme de la vanidad de no conseguir hacerlo todo perfecto, etcétera. Todas estas prácticas permiten que se manifieste la esencia de nuestro auténtico ser, el cual *ya es perfecto* y no necesita que nadie lo repare. Es como una naranja perfecta, repleta de la energía del sol, y a la que tan sólo tenemos que quitarle la piel para sacarle todo el zumo. Vamos avanzando a medida que quitamos la cáscara de nuestras antiguas formas de conducta y de percepción que ya no nos aportan ningún beneficio y que son lo que impide que la gente se lleve bien entre sí. Al avanzar, salen a la luz todas las capacidades de nuestro auténtico ser.

Desde hace ya años, mi propósito disfruta de manifestarse poniendo a disposición de los demás todo lo que he aprendido y que pueda ayudarles a conectar con la inteligencia de su propio corazón. Cuando vivimos desde el corazón, las piezas del rompecabezas de nuestro propósito encajan perfectamente y eso nos sintoniza con nuestro potencial interior y nuestra plenitud.

Conciencia

Casi todos hemos escuchado esta expresión miles de veces: «Haz lo que te dicte tu conciencia». A veces, nuestra conciencia nos envía señales, algo parecido a un mensaje de texto, para darnos la oportunidad de corregir el rumbo de nuestra actitud o de nuestras acciones. Por regla general, cuando alguien dice: «Me remuerde la conciencia», es porque sus pensamientos, sentimientos o acciones no están en sintonía con la integridad de su auténtica naturaleza —con lo más íntimo de su corazón—. Aunque nuestra conciencia no nos obliga a acatar sus sugerencias, sí que nos da una oportunidad de pensarnos las cosas dos veces, y dos veces más, antes de iniciar o continuar con determinadas nociones surgidas del ego y que hacen caso omiso de lo que el corazón pueda aconsejar según las circunstancias. Esa conciencia es una vibración de la intuición que lo que quiere es recordarnos que conservemos nuestra integridad, dignidad y cuidado personal. Nos evoca los consejos de nuestra intuición y nos anima a ser más conscientes de lo que hacemos y de lo que decidimos. Nuestra conciencia es un recordatorio amistoso, aunque puede que firme en ocasiones, de quién somos realmente cuando nos hundimos demasiado o en «quien no somos».

Ojalá que «el diseñador» hubiera decidido que mi conciencia me hablara en voz más alta, porque algunas de las decisiones que tomé de veinteañero son una clara muestra de que prácticamente nunca le prestaba atención a mi conciencia. Muchas personas nos comentan que su conciencia les habla cada vez más claro y más alto. Esto es algo que seguirá aumentando y haciéndose más evidente a medida que sigan cambiando los tiempos y que nos conectemos más con nuestro corazón y con la bondad que realmente somos.

Equilibrar los aspectos masculino y femenino de nuestra energía interior

Muchas veces es todo un misterio por qué acaban fracasando muchas de nuestras prácticas y decisiones de transformarnos. En parte se debe a un desequilibrio y a una falta de entendimiento entre las energías masculina y femenina que viven en nosotros. Todos somos una combinación de frecuencias masculinas y femeninas, independientemente de cuál sea nuestro género. Por ejemplo, nuestro aspecto *femenino* está más abierto a la intuición mientras que nuestra energía *masculina* es la que nos permite materializar y aplicar dicha intuición en la vida diaria. Esto es tan sólo un ejemplo de la coordinación de funciones entre nuestras cualidades masculinas y femeninas.

Entre los beneficios regeneradores de equilibrar ambos tipos de energía se incluyen una conexión más clara con la inteligencia de nuestro corazón, una mayor capacidad de sanar y mantener a nuestro organismo en buenas condiciones, y muchas más. Nuestras energías (vibraciones) masculinas y femeninas moldean la vida. La inteligencia del corazón puede favorecer el equilibrio y la cooperación entre ambas energías que condicionan constantemente nuestras decisiones y de las que depende nuestra paz.

Un desequilibrio entre nuestras energías masculina y femenina se traduce en muchas desventajas a nivel mental y emocional que nos impiden dar lo mejor de nosotros. Lo más corriente es que tengamos desequilibrado uno de estos dos aspectos, lo cual nos dificulta autoevaluarnos y nos lleva a exagerar nuestros puntos fuertes para esconder nuestras debilidades delante de los demás. Esto es tan sólo una de las muchas consecuencias del desequilibrio entre nuestras energías masculina y femenina. Son cada vez más las personas que se sienten impulsadas a encontrar su equilibrio interior aunque no sean muy conscientes de qué es lo que intentan equilibrar. El equilibrio interior constituye uno de los pilares del siguiente nivel de conciencia hacia el que está avanzando la humanidad. A continuación damos un ejemplo muy simplificado de una de las posibles maneras en que esto se puede materializar:

A medida que equilibramos nuestra energía masculina y la femenina, nuestra alma se pone las pilas y empieza a derramar nuestras cualidades más elevadas sobre nuestro corazón. Entonces, la intuición de nuestro corazón nos ayuda a desarrollar dichas cualidades para que nuestra vida alcance su máximo nivel de plenitud, acompañado de compasión y de un deseo de ayudar a que los demás lo consigan también.

Desde hace innumerables generaciones, las energías masculinas llevan dominando el planeta y reprimiendo, tanto en hombres como en mujeres, esas cualidades y sensibilidades femeninas que tanto necesitamos. Sin embargo, estamos pasando página y escribiendo otras nuevas, con las cuales iniciamos un capítulo de la vida real que trata de beneficios regeneradores como el equilibrio y la cooperación. A las energías femeninas (tanto en hombres como en mujeres) les está llegando ese legítimo momento tan esperado. Cada vez son más los hombres con un corazón vulnerable que despiertan a los beneficios de mantener equilibradas sus frecuencias masculina y femenina, y que reconocen que eso es una pieza que les faltaba en su proceso de empoderamiento personal. Afortunadamente, las mujeres están equilibrando también dichas energías para que su fuerza y cualidades femeninas sean por fin escuchadas, respetadas, y reciban la misma consideración. En este proceso se incluye también el reto de no caer en la dominación de las frecuencias masculinas por efecto de compensación, ya que esto puede bloquear el proceso de transformación personal. Ese delicado equilibrio se puede alcanzar y mantener permaneciendo atentos al corazón.

Puede resultar mucho más agradable y eficaz reajustarnos para alcanzar dicho equilibrio si accedemos a la inteligencia del corazón. Cuando conseguimos que la mente y el corazón funcionen a la par, se equilibran y reajustan nuestras energías masculina y femenina de forma natural y con mucha más facilidad y delicadeza. Hay personas que nacen con un mayor equilibrio de sus aspectos masculino y femenino. En mi caso, no fue así. De niño yo era todo un machito porque, en el barrio en que me crie, si alguien me hubiera dicho que tenía que despertar «la niña que hay en mí» para ser una persona equilibrada, habríamos acabado a puñetazos. Sin embargo, con el paso de los años, se me fue suavizando ese aspecto vanidoso y egocéntrico.

> ***Parodia de los Global Rangers:*** *«¡Venga muchachos! ¡A ensillar todos y a cabalgar por todo el planeta para ver si podemos poner orden en todo este caos global!». «¿Nos llevamos a las chicas también?», preguntó alguien. «¡Pero si ellas ya han salido a todo galope, porque tenían muy claro cuáles eran las necesidades de la humanidad y llevan tiempo dedicadas a ello!». «Pues bien, caballeros, vamos a ponernos en marcha para ver si aún queda algo por hacer y así nos seguimos creyendo que somos los que mandamos!».*

El ego

El ego no es el hombre del saco, por lo cual, con paciencia y buena orientación interior, podemos redirigirlo hacia la vibración de su propósito superior. Al capacitar nuestra vida con la ayuda del corazón, transformamos la frecuencia de la naturaleza de nuestro ego y la ponemos en sintonía con la vibración de nuestro auténtico ser. Para la mayoría de nosotros, el ego, en su nivel inferior de vibración, nos ha ido creando una serie de problemas de los que le hemos echado la culpa a la vida y a los demás. Sin embargo, al dejarnos guiar por el corazón, podemos iniciar un proceso de maduración del ego en los distintos niveles de conciencia que vaya atravesando nuestra conciencia en su evolución, lo cual resulta mucho más eficaz para domesticar el ego en lugar de avergonzarlo o culpabilizarlo. Al iniciar mi camino, experimentaba momentos de congestión espiritual de tanto criticar y machacarme el ego, como si fuera un pájaro carpintero, porque creía que ése era el camino más rápido hacia el autocontrol (al tiempo que tenía la esperanza de que Dios no me quitara ojo). Con el tiempo, sin embargo, aprendí que toda esa presión que ejercemos sobre el ego por un exceso de supervisión proviene del mismo ego. Aunque nuestra pretensión de amaestrar a nuestro ego pueda parecer loable, si proviene exclusivamente de la mente, sin estar acompañada de la capacidad más profunda de discernimiento que posee el corazón, son tan constantes nuestros contratiempos que lo único que conseguimos es generar aún más tensión —sobre todo cuando nos esforzamos por avanzar demasiado rápido en nuestro camino espiritual, como una liebre que corre sin la sabiduría y paciencia de la tortuga.

En cambio, si nos comprometemos a hacer las paces con nuestro ego sin condenarlo, el corazón se convierte en ese entrenador personal que acabará por transformarlo en un instrumento que rinda al máximo y en los momentos adecuados. El ego se transforma al pasar por las distintas etapas de reducción de nuestro autocentrismo. Todos los aspectos de nuestra naturaleza, incluido el ego, sor parte de la divinidad y desempeñan un importante papel en nuestro proceso de convertirnos en lo mejor de nosotros. Por eso debemos amarlos y respetarlos a todos.

La felicidad

En los últimos tiempos se han realizado muchas investigaciones y se han escrito muchos libros sobre la felicidad, e incluso existe un país (Bután) donde se mide el nivel de «Felicidad interior bruto». Soy consciente de que es difícil no creerse que la felicidad es algo que nos viene de fuera —de la gente, de los lugares y de las cosas—. Personalmente, me embarqué en una interminable búsqueda de paz y de la felicidad más vanguardista hasta que me di cuenta de que mi mente andaba en busca de algo, para conseguir lo cual el corazón estaba mucho mejor preparado. La mente es algo maravilloso pero, cuando de lo que se trata es de evaluar con gran precisión lo que nos hace realmente felices, lo más sabio es recurrir a la inteligencia del corazón y a la sabiduría del alma. Aunque puede que la mente y nuestro sistema emocional *se pongan un poco de morros* cuando le pidamos al discernimiento de nuestro corazón que tome las riendas de la situación, la mente acabará disfrutando de tener una compañera de camino tan firme como es la inteligencia del corazón.

Puede que a veces las personas atraviesen largas etapas con una sensación de vacío entre fases de gran felicidad, y otras de ir tirando. Dichos espacios vacíos pueden rellenarse con atención por los demás y con unas conexiones más profundas si abrimos nuestro corazón a relacionarnos con los demás, lo cual constituye una práctica de nivel vibratorio superior así como un paso fundamental hacia la felicidad y plenitud individuales. Cuando comenzamos a elevar la vibración de nuestro amor en lugar de dedicarnos a buscar la felicidad en los demás, en los estímulos externos y en cosas (aunque sean cosas buenas), nos damos cuenta de que la felicidad aumenta de forma natural *cuando enriquecemos la vida funcionando con el corazón.*

La felicidad es una vibración superior que, por regla general, intentamos atrapar desde un nivel de vibración más bajo, por lo que siempre se nos escapa de las manos como un pez en el agua. Los períodos de felicidad pueden ser prolongados o fragmentados dependiendo de cuánta energía de baja frecuencia procesemos o tengamos acumulada (sensaciones del tipo miedo, inseguridad, autoestima, heridas, resentimientos, etcétera), ya que es previsible que produzcan atascos en el fluir natural de nuestra felicidad y que intentemos rellenar dichos vacíos con conductas que aporten destellos de bienestar caros de mantener y de pronta caducidad.

Cuando nuestra felicidad alcanza un nivel de vibración que no necesita de golosinas ni de condicionantes, todo lo demás es un aditamento, más que un causante de dependencia (la cual es la madre de todas las decepciones). Por ejemplo, un estado de felicidad auténtico y bien arraigado no depende de lo bien o mal que pueda salirnos algo, sino que es algo que permanece aunque dicho evento se cancele o no sea un éxito (aunque tengamos que hacer unas cuantas respiraciones para *resetearnos*).

Es contraproducente anhelar una felicidad ininterrumpida sin antes habernos despojado de unas actitudes de vibración inferior que resultan incompatibles. La felicidad es algo que viene de dentro —lo cual nos cambia las reglas del juego cuando nos damos cuenta de ello—. Considera que la felicidad es una gratificación espiritual de alto nivel que aprendemos a activar desde dentro, para que nuestra vida no se convierta en un interminable peregrinaje en su búsqueda.

Tengamos compasión en nuestro corazón por los millones de seres que no se pueden permitir el lujo de preocuparse por buscar la felicidad al verse obligados a subsistir a causa de guerras, catástrofes naturales, hambrunas, malos tratos, etcétera. Aunque ésa no es una situación que podamos cambiar de la noche a la mañana, nuestro amor y compasión tienen la capacidad de ayudar a niveles que no podemos ver, pero nunca se malgasta ni una sola gota de auténtico amor, aunque nosotros no seamos capaces de seguirle el rastro a los beneficios que aporte. Se avecinan mejores tiempos a nivel global —y nosotros somos los ingenieros de dicha transformación.

PARTE 1:
INTERÉS POR LOS DEMÁS
VERSUS SOBREPROTECCIÓN

PARTE 2:
LA COMPASIÓN:
LA NECESIDAD DEL PRESENTE
por Doc Childre

A medida que maduramos espiritualmente y desarrollamos nuestro potencial superior, se nos despierta un mayor interés por los demás, una forma muy válida de hacer de nuestro amor algo práctico, y de resolver y evitar muchos problemas que creamos y repetimos de manera sistemática.

Voy a dedicar los siguientes párrafos a comentar en qué se diferencian el interés por los demás y la sobreprotección. Sobreprotegemos a alguien cuando nuestro interés inicial por su bienestar se convierte en preocupación, ansiedad y sobreidentificación, todo lo cual puede desembocar en un agotamiento emocional con su consiguiente acumulación de estrés. Aunque el hecho de interesarnos por el bien de otra persona es uno de nuestros mayores tesoros, como con casi todo, debemos administrarlo en su justa medida porque, cuando se cruza la raya y se convierte en sobreprotección, se produce un déficit cuyas consecuencias acaban por afectar a la salud. Mientras que el interés por los demás resulta enriquecedor tanto para nosotros como para la otra persona, la sobreprotección nos agota y nos resta eficacia, por muy buenas que sean nuestras intenciones.

Sabemos que son muchos los cuidadores que se sienten extremadamente agotados a nivel de energía por no saber encontrar el equilibrio entre atención y sobreprotección, algo bien comprensible porque dicho equilibrio sigue una curva predecible y no le resulta nada fácil a las personas que se preocupan mucho por los demás. Aprender a dosificar nuestro interés por los demás de manera equilibrada es algo que forma parte del proceso de maduración emocional.

A continuación incluimos una lista de ámbitos típicos en los que resulta fácil caer en la sobreprotección, y en los que nos baja el nivel vibratorio y nos quedamos sin energía. Aunque se trata de la típica lista que se menciona en muchos otros libros, vamos a analizarla desde el punto de vista de la sobreprotección:

- Trabajo
- Relaciones personales
- Dinero
- Alimentación
- Hijos
- Padres
- Salud
- Errores del pasado
- Autoimagen
- Cómo nos sentimos
- Seguridad en el futuro
- Cómo nos saldrán las cosas
- Carencias
- Compararse con los demás
- Qué pensarán los demás (y lo que nosotros pensamos de ellos en secreto)

A menudo lo que más nos agota es una combinación de elementos de esta lista, lo cual nos deja sin vitalidad y nos afecta a la salud. ¡Y encima nos preguntamos por qué no nos sentimos pletóricos!

También puede experimentarse un exceso (obsesión) de sobreprotección y agitación emocional cuando intentamos seguir la curva de aprendizaje de un nuevo *software*, cuando queremos aprender a usar un nuevo ordenador, o nuevo teléfono móvil o cualquiera de esos objetos «imprescindibles». *Sí, estos aparatos nos son útiles*, pero eso no quita que nos estresemos por la ansiedad que nos produce intentar mantenernos al día con la tecnología, sobre todo cuando es algo que no se nos da bien. Algo que nos puede ayudar a mantener el equilibrio es pararnos un momento y comprobar nuestro estado: «¿Consumimos nosotros la tecnología o es ella la que nos consume?», o «¿Somos dueños de nuestros aparatos o son ellos los que nos dominan?». Cuando se crea una adicción, nos convertimos en sus peones y los aparatos en nuestros amos. Encontrar un equilibrio en todo es lo que podemos conseguir al aplicar la inteligencia del corazón en estos tiempos tan acelerados, sobre todo cuando la tecnología se propone alcanzar unas características propias de la ciencia ficción. Disfruta de tus aparatos pero lleva las riendas, o acabarás convirtiéndote en su esclavo. En esto no hay medias tintas.

Uno de los subterfugios más típicos de la sobreprotección es su seductora capacidad de *autojustificarse* para impedirnos ver las consecuencias de la sangría de energía que nos produce. Con la práctica, podemos activar nuestra intuición para que nos alerte cuando la *sobreprotección* empiece a apoderarse de nuestros sentimientos y percepciones. Si aprendemos a identificar y evitar la sobreprotección podemos ahorrarnos una cantidad crucial de energía y evitar problemas de salud. *No caer en la sobreprotección no quiere decir que dejemos de cuidar de los demás, sino que nuestra atención será más eficaz si la equilibramos y sintonizamos con el corazón.* Siempre que gastemos energía de forma equilibrada, conseguiremos mantener los pies en la tierra. Imagínate a la sobreprotección como un virus emocional muy contagioso, que se mantiene oculto gracias al consentimiento inconsciente de la sociedad de que la sobreprotección está bien y que *no es responsable de nada*. Sin embargo, si nos lo proponemos, y con la ayuda de nuestro corazón, podemos liberarnos del seductor estrés de la sobreprotección y del exceso de preocupaciones que le acompaña.

Al principio puede resultarnos difícil distinguir entre una atención equilibrada y la sobreprotección porque, en el caso de esta última, solemos tener la sensación de que *es cuando más cuidamos de los demás*. Muchos de los asuntos que, en un principio, consideramos interesantes, acaban por metamorfosearse en preocupaciones. Un exceso de preocupación es el clásico ejemplo de que la sobreprotección nos está haciendo creer que ella es *la forma más eficaz de mostrar nuestro interés*. En el fondo del corazón, la mayoría sabemos que todas esas preocupaciones descontroladas acaban por acarrearnos un déficit de energía y por poner en riesgo nuestro bienestar. (Si de verdad creyéramos que las preocupaciones nos sirven de algo, les recomendaríamos a nuestros amigos e hijos que se buscaran un rincón para «preocuparse» cuando se les presentaran problemas en la vida). La sobreprotección es una tendencia humana de profundo arraigo que se transmite de generación en generación. Es como un virus que sólo puede curarse mediante un reajuste personal y por el que los demás no pueden hacer por nosotros. No existe vacuna para esto, aunque tampoco la necesitamos porque la sobreprotección puede gestionarse fácilmente con tan sólo un poco de concentración y con la ayuda del corazón.

Destronar a la sobreprotección es factible si nuestra intención se fundamenta en una sólida cooperación entre la mente, el corazón y las emociones. La colaboración de nuestro corazón nos ayuda a materializar importantes decisiones que, de lo contrario, se quedarían en agua de borrajas, porque la energía del corazón les infunde fortaleza y resiliencia, sobre todo cuando nuestro compromiso empieza a dar señales de debilidad. La magia del corazón se expresa a través del sosiego, no a través de la voluntad y del poder, a pesar de que el corazón, por naturaleza, tenga una fuerza poderosa, positiva y frecuentemente subestimada.

Una sugerencia evidente de cómo acabar con la sobreprotección consiste en observar y regular nuestro gasto emocional. A menudo nuestra intuición hace que nos sintamos inspirados para cambiar y sustituir un patrón emocional antiguo y no constructivo, pero la *inspiración* es algo que se desinfla, como un globo abandonado después de una fiesta, si no la llevamos a la práctica cuanto antes. La inspiración se alimenta a sí misma si la utilizamos y, a medida que aprendemos a manejarla, conseguimos avanzar gracias a los mensajes de nuestra intuición siempre y cuando se mantenga vivo el «fuego» de dicha inspiración. Así también se multiplican nuestras posibilidades de alcanzar nuestra meta porque nuestra vibración consigue superar a la de los obstáculos previsibles. La inspiración es un momento que rebosa de espíritu. Es un paquete de energía libre y repleta de iniciativas –pero con un temporizador–. Si nos ponemos en marcha al primer empujoncito que nos dé dicha inspiración, conseguiremos romper con la tendencia humana de desaprovechar ese regalo intuitivo de nuestro corazón. Me he dado cuenta de que, a veces, tienen que pasar muchas lunas antes de que vuelva a repetirse esa determinada inspiración que tanta falta nos hace, si no la hemos aprovechado en el momento de producirse. Es cuestión de aprender economía espiritual.

Ejercicio de sobreprotección

Obsérvate durante algunos días para ver cuántas veces se te llenan la mente y los sentimientos de sobreprotección hacia ti mismo, hacia los demás o con respecto a algún problema. Cuando notes que te entra ansiedad o angustia por un exceso de protección, intenta hacer el siguiente ejercicio:

Primero: Respira de forma tranquila visualizando que lo haces a través del corazón o de la zona del pecho, e imagina que eso te calma a nivel mental y emocional (al calmarnos a nivel emocional, creamos un espacio en el que a la intuición le resulta más fácil aportarnos discernimiento y una mejor capacidad de evaluar las situaciones).

A continuación: Cuando notes que se te han calmado las vibraciones a nivel mental y emocional, plantéate esta pregunta: «¿Cómo me sentiría si pudiera mantenerme equilibrado en esta situación?». Una vez que te surja la respuesta, visualiza que, al inspirar el aire, te llenas de esa nueva actitud y que permanece unos minutos dentro de todo tu organismo.

Repite este ejercicio unas cuantas veces si notas que te aumenta o no te libras de la sensación de sobreprotección, pero hazlo con *sosiego*, sin tratar de forzarlo. Con la práctica, te será más fácil darte cuenta de cuándo actúas con sobreprotección y podrás pararla en ese mismo instante (casi siempre) y recuperarás las riendas de tu energía.

Cuando practiques este técnica, no te preocupes si no te funciona siempre (tendrás un montón de oportunidades). Una actitud genuina es la que te fortalece la conexión con el corazón. Esta pequeña herramienta no sirve solamente para la sobreprotección, sino también para afrontar cualquier situación de estrés o algún reto importante que necesita de un discernimiento claro sin caer presa de los sentimientos. Según mi propia experiencia, comprender y saber controlar la sobreprotección constituye uno de los pasos más importantes del proceso de transformación personal.

A continuación se detallan unos cuantos puntos más para gestionar mejor la sobreprotección:

- La sobreprotección es sigilosa. Da la sensación de ser algo normal y que no podemos controlar.
- La sobreprotección es engañosa porque, a veces, nos da la sensación de que es la mejor forma de cuidar de los demás (por ejemplo, cuando nos preocupamos).
- La sobreprotección sabe justificarse a sí misma con la habilidad de un experto abogado.

- La sobreprotección es uno de los sitios favoritos de nuestra mente cuando funcionamos a niveles vibratorios bajos (cuando andamos bajos de energía).

Recuerda que la actitud de preocuparse es uno de los principales impulsores de la sobreprotección porque nos resulta muy «legal» y normal. El preocuparse y el tener miedo llevan a la sobreprotección a niveles extremos. Pero estos patrones estresantes pueden disminuirse y cambiarse si nos lo proponemos de corazón –como cuando les decimos a los niños que hagan las cosas que les importan.

A continuación voy a tratar más en detalle el tema del miedo porque la sobreprotección, si no la controlamos, se suele convertir en miedo, lo cual es uno de los mayores problemas de todo el planeta a nivel colectivo.

Cómo afrontar el miedo

Cuando se nos disparan los miedos por cuestiones personales o colectivas tales como el terrorismo, el malestar social, los virus, el cambio climático, etcétera, suele resultarnos difícil acordarnos de que tenemos la opción de controlar nuestras emociones. Muchos hemos aprendido ya que nuestra salud o bienestar pueden verse afectados si no sabemos mantenernos equilibrados interiormente cuando nos asedian continuamente los miedos –ya sean reales o no–. El miedo y el pánico nos enturbian la sensatez y nos impiden razonar con claridad. Muchas personas están ya hartas de que los miedos den al traste con su integridad emocional y su sensación de seguridad. Hace tiempo que a la mayoría nos gustaría ser capaces de gestionar nuestros miedo pero, por regla general, no conseguimos cambiar nada hasta que damos un paso hacia delante y le concedemos al corazón un papel relevante en las decisiones de nuestra mente, porque, normalmente, sólo nos servimos de ella para afrontar unos problemas que, en realidad, requieren de la sensibilidad de la inteligencia del corazón. La mente suele tropezar consigo misma por culpa de su impaciencia por encontrar rápidamente alguna solución, al tiempo que deja un rastro de escollos y de reinicios. En cambio, cuando el corazón funciona en coordinación con la mente, la intuición es como un imán que atrae la información o los pasos necesarios para gestionar los miedos o cualquier otro modelo de conducta no deseable.

Ejercicios con el corazón para reducir los miedos

La experiencia me ha enseñado que es mejor abordar los miedos desde el sosiego y la compasión por uno mismo que combatirlos con la mente. Mi impaciencia también dio al traste con muchos de mis intentos por reducir mis miedos hasta que aprendí que la paciencia es algo obligatorio, y no optativo, para transformar los miedos. Cuando el miedo nos agarrota el razonamiento intuitivo, nos saltan todas las alarmas y se produce una importante distorsión interna que llamamos pánico, pavor, etcétera, lo cual se puede reducir procurando ralentizar las vibraciones de la mente y las emociones, porque así se reduce la carga o la intensidad. Puede conseguirse respirando lentamente y visualizando que el aire nos entra por la zona del corazón. Una manera muy útil de aprender a gestionar la intensidad de las emociones es empezando con las pequeñas, tales como la frustración, la irritabilidad, la impaciencia, etcétera. Al reducir la intensidad mental y emocional nos abrimos más a esa sensibilidad intuitiva que nos permite tomar decisiones y adoptar soluciones más sabias.

Quizás esta sugerencia te parezca interesante:

No intentes interrumpir el miedo, sino proponte disminuirlo paulatinamente (con sosiego, sin forzarlo). No le marques los tiempos a este proceso. No te juzgues a ti mismo ni tengas sentimientos negativos hacia tus miedos, porque con eso no haces más que aumentar las resistencias. Ten en cuenta que el miedo se vuelve más manejable cuando le quitamos dramatismo a nuestro diálogo interior y a las proyecciones de nuestra imaginación que prevén resultados catastróficos. Eso es lo que yo hacía hasta que mi mente se volvió adicta a darles muchas vueltas a los aspectos del miedo –en un intento demasiado complejo de evaluar mis sentimientos (un niño Freud)–. Cuanto más fortalecemos nuestros miedos con el dramatismo, más reforzamos todos los que nos queremos quitar. Esto es algo que casi todos sabemos –hasta que se apodera de nosotros el miedo.

A continuación te propongo una práctica que quizás ya utilices para gestionar el miedo y la ansiedad que te genere ver las noticias –si es que ver las noticias es, en tu caso, un desencadenante de los miedos.

Simplemente, mientras estés mirando las noticias, al tomar aire, inhala calma y equilibrio emocional. Mientras vas respirando, genera un sentimiento de cuidado y compasión por los problemas de la humanidad pero sin identificarte con su dolor ni sus miedos, lo cual no quiere decir que por eso te importen menos. Médicos, personal de enfermería y de protección civil trabajan con gran eficacia y dedicación sin identificarse en exceso con el dolor que las personas estén experimentando en ese momento. La mayoría de ellos han desarrollado esa habilidad con la práctica, por lo que nosotros también podemos conseguirlo con paciencia y proponiéndonoslo de corazón.

Si alguna noticia te resulta demasiado fuerte, recuerda que no pasa nada por no mirarla. Sería mejor que no miraran constantemente las noticias aquellas personas que no hayan desarrollado una auténtica ecuanimidad. Personalmente, prefiero ver las noticias que tratan de cuestiones a nivel mundial porque eso azuza el fuego de mi compromiso por tener compasión por el miedo y el sufrimiento que se experimenta por todo el planeta. Con la práctica, la mente y el corazón pueden aprender a procesar compasión y ecuanimidad simultáneamente. Tenemos que ser sinceros con nosotros mismos y decidir si ver las noticias es algo que favorece o pone en riesgo nuestro bienestar según sean nuestra naturaleza y constitución. Como con muchas otras cosas, las noticias tienen sus beneficios y sus carencias. Escucha a tu corazón y decide qué es lo mejor para ti.

La práctica que más me ha ayudado a reducir mis miedos es la siguiente: durante la oración o la meditación, visualizaba que del corazón me salía un río de amor que me inundaba la mente y todas las células del cuerpo y que borraba todas las impresiones del pasado fruto del miedo. Al respirar, me concentraba en el corazón para transformar mis viejas programaciones de miedo y ansiedad en un sentimiento de dedicación inteligente (ocuparse de los demás de forma controlada), lo cual es una actitud mucho más objetiva y menos estresante que esa sensación de miedo.

El miedo nos resta poder, mientras que una actitud de dedicación inteligente nos permite gestionar y llevar las riendas de nuestra atención por los demás de forma más intuitiva. La dedicación inteligente es una actitud que reemplaza al miedo para que no salga perjudicada nuestra salud. Proponte, desde el corazón, hacerte amigo de tu miedo y convertirlo en dedicación inteligente (ocuparse de los demás de forma controlada). Así podrás actuar desde la calma, evaluar la situación más claramente y dejarte guiar por la intuición para poder afrontar cualquier situación que represente una amenaza a tu seguridad interior o exterior. Si tienes paciencia y perseverancia, la práctica de este ejercicio te ayudará a tener más confianza en ti mismo y a sentirte empoderado cuando te desafíe algún miedo.

Al practicar con miedos menos potentes me volví lo suficientemente fuerte como para transmutar y terminar con algunos de mis miedos y ansiedades más profundos. Cuando trabajes en la reducción y transformación de los miedos, recuerda que dar pequeños pasos es dar pasos de sabio porque te permiten adoptar una cadencia equilibrada que te evitará caer en el desánimo. Recuerda también practicarlo con paciencia y compasión por ti mismo, permitiéndote tener deslices sin autojuzgarte ni resignarte. Hazlo desde la serenidad, sin prisas, sin dudar de ti mismo.

Estos pocos párrafos no constituyen, ni de lejos, una solución perfecta para las incontables situaciones y circunstancias que pueden activarte los miedos. El ser humano lleva una eternidad buscando esa «solución universal». Si investigas en libros y buscas información sobre este tema, encontrarás muchas pautas muy útiles y, si lo deseas de corazón, encontrarás esa información que te servirá para ir reemplazando tus miedos por una mayor seguridad en ti mismo.

Cómo ayudar a los niños a mantener su conexión con el corazón

Sucede a menudo que, cuando un niño se siente agobiado o infeliz, o cuando le entra una rabieta, instintivamente le recolocamos la energía dándole un juguete o una muestra de nuestro cariño y, casi de inmediato, le cambia por completo la frecuencia vibratoria y se siente en calma, contento, entusiasmado o satisfecho (emociones de frecuencia vibratoria superior). Una de las razones principales por las que a los niños no les suele costar transmutar rápidamente las emociones que les constriñen es porque, durante los primeros años de su vida, aún están conectados con las frecuencias superiores naturales del corazón, tales como amor sin complicaciones, transparencia, ausencia de prejuicios y ese super poder de *soltar y seguir para adelante*. Su mente aún no se ve arrastrada por las innumerables mentes de baja vibración que hay en la sociedad ni por los hábitos que suelen eclipsarnos los sentimientos y ocultarnos las opciones.

Cada vez está más presente en nuestra conciencia colectiva que hay que ayudar a que los niños mantengan su conexión con esa vibración superior natural de quienes realmente son, lo cual se consigue ayudándoles a mantener un equilibrio entre la mente y el corazón a medida que vayan creciendo. Es especialmente importante que los niños puedan conservar dicha conexión con la voz de su corazón porque viven sumidos en un duro y vertiginoso entorno social de sobreestimulación, ambición, competitividad y tecnomanía.

Uno de los mayores obstáculos (aunque no intencionado) para el desarrollo infantil es cuando los padres dan por sentado que ellos siempre saben qué es lo mejor para sus hijos y qué deben ser de mayores. Hay millones de hijos que se dedican a materializar los sueños que sus padres tenían de cómo debe ser una persona ideal. A los padres que se encuentran en esta categoría, eso es lo que les parece más normal y lo hacen por el bien de sus hijos, pero dicha dedicación –que con frecuencia es sobreprotección o dedicación descontrolada– es lo que fuerza involuntariamente a los hijos a adaptarse a unos moldes que, en realidad, no les vienen bien. Aunque es importante marcarles pautas, hay veces que los padres deberían elevar su nivel de conciencia para darse cuenta de las consecuencias en las que éstas pueden derivar. La mayoría de la gente hace tiempo que se han percatado de que los niños de hoy en día nacen con mayor conciencia que los de anteriores generaciones, lo cual puede traducirse en enfrentamientos y rupturas durante la adolescencia si se les presiona para que avancen en una dirección que, en el fondo, su corazón les dice que no es la que les conviene –en particular por lo que se refiere a la profesión y a las relaciones.

Hoy en día se disponen de modelos actualizados de pautas educativas que evitan gran parte del estrés y del sufrimiento emocional de los niños por reprimirles su aspecto espiritual. Dichas pautas deben incluir una concienciación de la naturaleza individual del niño así como las tendencias y los deseos profundos de su corazón. Aunque está en aumento la concienciación a este respecto, aún quedan por cambiar muchos patrones educativos de la antigua escuela.

Con gran compasión animo a los padres a tomar la iniciativa y a que se informen sobre nuevos modelos educativos más actualizados y efectivos a este respecto. Aunque la mayoría de los padres lo hacen lo mejor que pueden según les dicte su propia conciencia y los medios de los que dispongan, es hora de elevar nuestro nivel de conciencia porque, en el fondo de nuestro corazón, lo que queremos es que nuestros hijos y jóvenes puedan convertirse en quien ellos realmente sean. También es necesario que los padres se muestren compasivos consigo mismos ya que uno de los más grandes retos del momento es mantener el ritmo tan acelerado que lleva la juventud. Comprendo, con gran compasión, lo difícil que eso les puede resultar. Si todos juntos deseamos y visualizamos desde el corazón un aumento del nivel de conciencia colectiva, se producirá. Ya podemos ver al sol asomando tras las colinas. El creciente nivel de conciencia de la nueva generación acabará por rescatar a la sociedad de esas conflictivas mentalidades de bajo nivel vibratorio que tantas vidas se han llevado por delante y que tanto odio, tantas rupturas y represalias han generado. Ellos no permitirán que nos mantengamos en este eterno callejón sin salida ni que toleremos las viejas costumbres que impiden que las personas se comuniquen en armonía y con dedicación. Todo esto forma parte del campo de conciencia que está teniendo lugar.

Parte 2: Compasión. La necesidad del presente

La compasión resulta tanto más efectiva cuanto más maduran nuestras cualidades esenciales del corazón tales como el amor incondicional, la permisividad, la aceptación y un deseo desapegado por alcanzar el mejor resultado posible a nivel colectivo. Al desarrollar dichas cualidades, fortalecemos la compasión y eso nos permite alcanzar su máximo nivel de efectividad. La auténtica compasión es beneficiosa tanto para el que la tiene como para el que la recibe, aunque no siempre seamos capaces de percatarnos de cómo nos nutre y nos sana. A muchos nos ha ocurrido alguna vez sentirnos extenuados y estresados después de haber actuado con compasión, según nuestro punto de vista. Pero este agotamiento de energía es básicamente fruto de una empatía desequilibrada. Aunque la empatía puede generar en nosotros un potente impulso por dedicarnos a los demás, suele tener también unos tentáculos de exceso de apego por aquello o aquellos a los que nos dedicamos.

La compasión es una de las energías más solidarias del amor. Yo creía que consistía en «arreglar» a los demás pero, en realidad, aunque podemos apoyarnos mutuamente con nuestro amor y compasión, cada cual tiene que arreglarse sus problemas desde dentro de sí mismo. Yo me dediqué entusiasmado a «arreglar a los demás» hasta que aprendí que son los demás los que tienen que arreglarse sus propias cosas o afrontar por sí solos esos retos que se les repiten

–a veces bajo distintas formas y, otras, en circunstancias mucho más difíciles–. Esos problemas de los demás a los que nos lanzamos para intentar solucionárselos suelen ser, a menudo, su oportunidad de aprender a conectarse más íntimamente con su corazón y su alma para encontrar su propio rumbo y sus propias respuestas.

Cuando uno aprende a aplicar su empatía de forma equilibrada, es porque ha conseguido avanzar mucho en su comprensión de lo que es la auténtica compasión. Es un amor incondicional que ayuda a que los demás obtengan el mejor resultado posible pero sin agotar sus propias reservas de energía, mientras que una empatía descontrolada, una compasión plagada de apegos y una «dedicación extenuante» son los causantes de que nos sintamos exhaustos después de entregar lo que creíamos que era la compasión de nuestro corazón. Una de las razones por las que la compasión está tan malinterpretada es porque, durante siglos, se ha utilizado dicho término como un concepto genérico sinónimo de lástima, empatía, pena o exceso de preocupación. Pero hoy en día cada vez son más los que sienten la necesidad interior de descubrir un significado más profundo de la compasión, ya que dicho sentimiento ocupa el número uno en la lista de todo lo que puede ayudar más a la humanidad en estos tiempos de tantos cambios.

Aunque la compasión sea una potente frecuencia vibratoria del núcleo de nuestro corazón, casi siempre se requiere de mucha práctica para conseguir sentir amor y dedicación por los demás en situaciones de extrema dureza sin caer en una identificación completa con su sufrimiento (una curva de aprendizaje universal). Una expresión de auténtica compasión es ser capaces de mantener encendida una linterna que aporte luz y amor para los demás en sus momentos de oscuridad pero sin que se nos acabe la batería y acabemos nosotros también sumidos en su misma oscuridad. A medida que aprendemos a equilibrar y gestionar la atención que les dedicamos a los demás, nuestra compasión se vuelve cada vez más eficaz porque, sin ese equilibrio, nuestros esfuerzos por aportar compasión se convierten en sobreprotección y nos llevan a un déficit energético.

Más sobre la empatía

Lo que vamos a comentar a continuación se asemeja, en cierto modo, a lo dicho sobre la compasión pero, dado que la segunda se suele confundir con la primera, me parece útil volver a formular unos cuantos puntos que diferencian claramente estas dos formas de expresión del interés por los demás. Tal y como he mencionado anteriormente, la sensibilidad que tenemos por el sufrimiento ajeno suele provocar sentimientos de compasión y empatía. Sin embargo, tanto menos eficaces seremos cuanto más nos apeguemos emocionalmente a sus problemas. Con la compasión uno puede sentir el sufrimiento ajeno, pero sin perder el equilibrio y la compostura energéticos.

Las noticias, las dificultades de nuestros hijos, los problemas de salud de otras personas, etcétera, pueden activar nuestra empatía pero, si no sabemos racionarla, puede provocarnos un agotamiento continuo del organismo aunque nosotros tengamos la sensación de «yo controlo». Aunque la empatía pueda ser un valor activo al principio, puede convertirse en una pesadilla si no sabemos dosificarla equilibradamente. Un momento impactante es cuando nos damos cuenta (no sólo a nivel intelectual sino que lo percibimos *de verdad*) de que la empatía, si no la controlamos, puede producirnos un déficit permanente de energía que no compensa, ni de lejos, el «bien» que creemos que le estamos haciendo a esa otra persona. El envejecimiento innecesario va incluido en este paquete de inconvenientes.

El siguiente extracto es el típico resultado de no saber gestionar la empatía del que casi todos habremos oído hablar o que incluso habremos experimentado personalmente:

> Prácticamente extenuados, acabamos por enfadarnos con nosotros mismos por dejarnos hundir hasta tal punto por los problemas de los demás, o los del mundo en general, y además nos enfurecemos aún más porque al único al que le podemos echar la culpa de la situación es a nosotros mismos (a pesar de que nos esmeremos por encontrar a algún responsable externo). Pero la cosa se pone peor

cuando nos acordamos de que, la última vez que nos había pasado esto, nos habíamos dicho que esa vez sí que habíamos aprendido la lección –pero otra vez estamos en las mismas–. Esto suele provocar que nos juzguemos y menospreciemos hasta llegar a quedarnos sin fuerzas hasta para eso. Entonces, con gran esfuerzo, necesitamos un tiempo para recomponernos y empezar de nuevo con nuestras promesas de «esta vez sí que me cuidaré», porque creemos que, ***ahora sí***, hemos aprendido la lección.

Pero podemos cambiar el fin de esta cadena de emboscadas emocionales autogeneradas si permanecemos más atentos a nuestra intuición cuando nos indica que estamos pasándonos en nuestra dedicación a los demás –que nuestra empatía está convirtiéndose en sobreprotección y apego, y que nos estamos consumiendo a nosotros mismos–. Aunque la inteligencia de nuestro corazón suele lanzarnos señales de alerta antes de que lleguemos a dicho punto de autofagocitación, puede que no tomemos medidas suficientes, sobre todo porque pensamos que nuestra actitud de sobreprotección está bien justificada. Hay veces en que la mente nos impide percibir las opciones que nos ofrece el corazón cuando nuestro ego se pone a hacer morritos porque quiere algo distinto. Al ego se le da muy bien lo de aprovecharse de las situaciones en que vacilamos por no tener nuestras decisiones firmemente apuntaladas en nuestro corazón. Sin embargo, el ego se doblega ante la fuerza de nuestra dignidad interna cuando siente que nuestro compromiso cuenta con todo el apoyo del corazón.

Igual que les pasa a muchas otras personas, la intuición de mi corazón quedó bloqueada por la falsa interpretación que mi mente hizo de la empatía, y me creía que vivir al borde de la extenuación por servir a los demás era algo noble y virtuoso. Estaba convencido de que mi autosacrificio debía consistir en «compartir la luz y sembrar el bien» cuan caballero errante (imagínate a un caballero de resplandeciente ignorancia dedicado a solucionarle los problemas a todo el mundo, a cualquier precio –pues ése era yo a los veinticinco años). Gran parte de esa experiencia era fruto de mi vanidad de joven machito, mezclada con una dedicación sincera aunque desequilibrada. Pero, después de haber aprendido esa lección un montón de veces, lo he superado, aunque sigo manteniéndome muy alerta para distinguir entre empatía y una dedicación equilibrada. Es algo que permanece en los primeros puestos de mi lista de prácticas para mi cuidado personal.

Ten siempre en cuenta que no es la empatía en sí la que nos agota la energía. Lo que nos consume es gestionarla mal sin querer. Nuestro corazón tiene la capacidad de mantenerse ecuánime y desapegado a nivel de energía. Ése es uno de los mejores regalos que jamás nos podremos hacer a nosotros mismos. Una empatía equilibrada puede nutrir y ayudar a los demás sin necesidad de incluirnos a nosotros mismos en ese menú. Si aprendemos a distinguir entre una empatía con apegos inferiores y una dedicación equilibrada, podemos conseguir que desaparezca la mayoría de los problemas que rodean al concepto de empatía así como alcanzar un nivel de comprensión más maduro del que consiste en plantearse qué es la auténtica compasión y para qué sirve.

El ejercicio siguiente puede ayudarnos a equilibrar nuestra empatía:

> Mira algunas escenas de películas en las que los personajes tengan algún problema físico o emocional medianamente graves y que te produzcan un sentimiento de lástima o de empatía. Mientras veas la película, imagina que respiras desde la zona del corazón o desde el centro del pecho. Respira tranquilamente y practica el desidentificarte con dichas emociones.

Cuando lo hayas hecho unas cuantas veces, verás cómo encuentras un centro en ti mismo desde el que consigues regular tus sentimientos, y empezarás a darte cuenta de que puedes ocuparte de lo que suceda a tu alrededor sin sentirte arrastrado por ello. La ventaja de poder repetir las escenas de las películas es que nos da más oportunidades de encontrar y conectar y desconectar ese interruptor interior que nos dosifica el *output* emocional. Este ejercicio con películas es todo un trampolín para practicar ese desapego y ese autocontrol tan imprescindibles para desarrollar la compasión auténtica. Es un tipo de ejercicio que suelen hacer las personas que trabajan en las urgencias, para aprender a mantenerse íntegros ante accidentes de coches, catástrofes naturales y demás. Es una cualidad que puede desarrollarse. Ten siempre bien presente que el hecho de mantenerte entero emocionalmente, sin sufrir, cuando te encuentres con personas desconsoladas, no significa en absoluto que te importen menos. Al contrario, tu dedicación y compasión resultarán mucho más efectivas.

Compasión por uno mismo

Tener compasión por uno mismo es una práctica avanzada del proceso de empoderamiento y cuidado personal. Al principio a la gente suele resultarle raro que les sugieran sentir compasión por sí mismos –les parece que es anteponerse a los demás, que está fuera de lugar, que no se lo merecen, que no es espiritual, etcétera–. Son actitudes heredadas de antiguos sistemas de creencias que ya han perdido toda su validez. La compasión por uno mismo lleva demasiado tiempo «aparcada» y ya ha llegado el momento de aprovecharnos de sus cualidades de transformación personal. Sentir compasión por uno mismo no es un acto de egoísmo sino de inteligencia –de inteligencia del corazón.

No hay que confundir la autocompasión por uno mismo con autocompadecerse, con una actitud de «¡Ay, pobre de mí!». Se trata de una vibración del corazón que nos transforma y nos aporta una aceptación libre de prejuicios y una comprensión más profunda de nosotros mismos. Practicar el amor por uno mismo sirve especialmente cuando se atraviesan situaciones que requieren de tiempo para curarnos y reajustarnos a nivel emocional. Cuando tenemos algún problema físico o emocional, la compasión por nosotros mismos nos aporta, intuitivamente, orientación y apoyo para encontrar la mejor manera de afrontar la situación o el problema. Sin embargo, este tipo de compasión no se reserva únicamente para cuando estemos en algún apuro, como el nombre podría llevar a pensar, sino que es una energía regenerativa que nos tonifica las células y todo nuestro organismo.

Es una vibración de frecuencia superior que procede del amor y de la fuerza de nuestro corazón y de nuestra alma. Si tenemos claro que la compasión es buena para los demás, porque, de lo contrario, no se la ofreceríamos a raudales, ¿por qué no vamos a poder aplicárnosla también a nosotros mismos? El amor no es más que amor, sirve para lo que sirve y no cuesta dinero. Así que no te sientas raro queriéndote un poquito más. Sentir un amor compasivo por uno mismo no es una pasión pasajera de nuestro ego, sino una práctica inteligente y regenerativa de autoaceptación.

Para ejercitar la autocompasión, simplemente, quédate tranquilo en algún rincón y visualiza que dentro de ti existe un *spa* interior. Imagina que, al respirar, envías autocompasión a tu mente, a tus emociones y a todas las células del cuerpo. Pásate un rato así —como si fuera una meditación—. Pero lo más importante es que lo hagas desde el corazón, porque así te conectas directamente con las cualidades renovadoras de la vibración de tu alma. A medida que te acostumbres a esta práctica, empezará a parecerte que estás tratando con tu mejor amigo/a, que es quien realmente se interesa por ti, quien te comprende y te apoya.

Dentro del espectro del amor, la compasión es una frecuencia extremadamente poderosa e inteligente. Cuando sentimos compasión incondicional, ella misma decide intuitivamente cómo administrarse —gracias a estar en fina sintonía con las necesidades superiores de la totalidad—. La compasión pura no entiende de agendas, sino que es libre de tejer su mágica tela a su libre albedrío, a veces de forma visible aunque casi siempre invisible. Pero nunca se echa a perder porque es una fuente de sustento para todo aquello que se encuentra en su radio de acción. La auténtica compasión siempre aporta el mejor y más alto resultado posible, el cual no tiene por qué ser lo que nuestra personalidad quisiera o considere que es lo adecuado. El amor incondicional le marca el paso a la compasión para distanciarla de otros apegos de vibración inferior que no harían más que quitarle eficacia. A medida que el ser humano ascienda por la espiral de la inteligencia hacia su siguiente etapa de iluminación, la compasión colectiva se convertirá en la vibración fundamental para amplificar la conexión con nuestra alma y nuestra fuente interna, mientras ambas derraman ríos de amor y sanación sobre la humanidad. La compasión es amor y dedicación con capacidad de transformar, y se manifiesta en el estado de efectividad de máxima madurez para la totalidad.

CAPÍTULO 11

VIVIR DESDE EL CORAZÓN
por Doc Childre

Lo que hemos intentado con este libro es aportar información sobre las investigaciones así como acerca de los nuevos conocimientos sobre el «corazón» como una fuente de inteligencia dinámica, creativa y unificadora. Cuando se consigue alinear el corazón espiritual con la mente y las emociones, pueden experimentarse nuevas formas de percibir, pensar y relacionarse, al conjunto de las cuales denominamos *vivir desde el corazón*.

Vivir desde el corazón es toda una práctica de mantenimiento y transformación personal cuyo comienzo consiste en que cada uno de nosotros hace de la intuición de su corazón su mejor amiga y le permite establecer el rumbo de nuestra vida diaria. Tanto a nivel personal como colectivo, la inteligencia del corazón nos puede aportar la oportunidad de forjarnos nuestra plenitud, en lugar de esperar a que nos llegue. Al practicar esto con toda sinceridad, nuestro corazón puede ofrecernos las respuestas y marcarnos el rumbo que necesitamos para convertirnos en nuestro ser auténtico y empoderado.

Para los problemas de la vida, la capacidad de intuición y discernimiento del corazón constituye un regalo natural del que nos podemos aprovechar sea cual sea nuestra religión o el camino espiritual o de desarrollo personal que hayamos escogido o estemos practicando. Tampoco se requiere seguir un camino determinado para poder experimentar los innumerables beneficios de las sugerencias que nos aporta la inteligencia del corazón. Mi enfoque se basa en la espiritualidad práctica –por ejemplo, incluir amor, amabilidad y compasión en nuestras interacciones diarias con los demás y permitir la existencia de diferencias sin que ello sea causa de separación.

La velocidad a la que todo cambia en estos tiempos nos ofrece la posibilidad de progresar a nivel de conciencia al integrar la sabiduría espiritual de nuestro corazón con nuestra inteligencia humana para que se fundan en una única unidad. El hecho de poder acceder en cualquier momento a todo tipo de nuevas informaciones permite que la humanidad entera se dé cuenta de que todos estamos interconectados, y de que trabajar por el bien de los demás y de nosotros mismos es sinónimo de trabajar por el bien de todo el planeta. Cada vez son más las personas que sienten la necesidad de ser más amables con los demás. En estos tiempos nos ilumina una luz de oportunidades positivas, independientemente de cómo se manifieste por todo el planeta.

Gentes de todas partes hablan ya de la compasión y la ponen en práctica. Hay universidades y otros lugares en los que están creándose «centros para la compasión». La compasión (en la que se incluye la compasión por uno mismo) es un sentimiento de vibración superior que tiene su origen en el amor y la sabiduría del corazón y del alma.

Cada vez hay más personas sensibilizadas a la necesidad de que su corazón se dedique a los demás, no sólo para sentirse bien ellas mismas, sino porque es un acto inteligente que está en armonía con la energía del ambiente. Son también cada vez más los que practican meditación para encontrar paz interior y dejar de identificarse con una serie de pensamientos y actitudes que ya no son válidos para aquello en lo que dichas personas quieren convertirse.

Va en aumento el número de personas que se interesa por establecer una conexión más profunda con sus sentimientos y con la intuición de su corazón por la sencilla razón de que no hay nada que consiga colmar un vacío que sienten en la vida. Muchas de estas personas sienten que su corazón constituye ese canal natural de intuición que les conduce al amor y a la sabiduría de su alma.

Llegará un momento en que será de sentido común utilizar la inteligencia y la intuición del corazón para tomar decisiones y determinar el rumbo a seguir. Cuanto mayor sea el porcentaje de población que viva desde el corazón, más fácil será que dicho «rito iniciático» se convierta en el próximo nivel de conciencia e inteligencia. En el presente libro hemos aportado una serie de estrategias y ejercicios basados en la inteligencia del corazón que consideramos de gran utilidad. Actualmente todos tenemos al alcance gran cantidad de herramientas para poder despertar nuestro potencial superior, y la intuición del corazón es la que nos puede ayudar a conseguirlo en el momento adecuado.

Sobre la coherencia

La coherencia es un fenómeno que se produce en todos los estratos de la naturaleza, desde el microscópico hasta el macroscópico, por lo que también forma parte de la experiencia humana. Al tiempo que, en un estado de coherencia cardíaca, se experimenta con claridad una disminución del «ruido» producido por esa corriente ininterrumpida y descontrolada de actividad mental y emocional, disfrutamos también de una sensación más intensa de sincronicidad así como una conexión más clara con la intuición y la sabiduría de nuestro corazón.

La coherencia cardíaca no menosprecia a la mente sino que le potencia sus capacidades y le ayuda a expandir y equilibrar sus puntos de vista, aportándoles una perspectiva más global. Nuestros sistemas básicos (corazón, mente, emociones y organismo) generan más armonía y plenitud si trabajan todos juntos para darle forma a nuestra vida. Al sentarnos para practicar la coherencia cardíaca acumulamos energía de una frecuencia vibratoria superior que nos aporta positividad para todo el resto del día, así como más claridad en nuestras decisiones y una mayor capacidad de fluir. Esto suele aportarnos una soluciones más creativas en aquellos momentos en los que parecen imposibles de alcanzar. Las vibraciones coherentes atraen más sincronicidades y opciones más claras, así como unas tonalidades más refinadas de amor en nuestras interacciones diarias. No hace falta ser perfectos, ni carecer de problemas, para poder disfrutar de una vida de coherencia. Basta con un mantenimiento general, como sucede con cualquier otra práctica que gestione aquellas energías que determinen el rumbo de nuestras decisiones y nuestra conducta. La coherencia es un estado natural que va de la mano de quien realmente somos en lo más profundo de nuestro ser.

La ciencia está demostrando también que, cuando la gente practica la coherencia cardíaca, genera un campo energético que hace que a los demás les resulte más fácil conectar con su propio corazón –un campo energético que facilita la coherencia social–. Debemos hacernos cargo de nuestra propia energía, lo cual eleva el nivel vibratorio del campo energético colectivo y ayuda a que las demás personas puedan acceder a su potencial superior y sean más felices. En este nuevo campo de interconectividad estamos investigando cómo puede ampliarse ese nivel vibratorio superior para desarrollar un mayor potencial de coherencia a nivel global. A medida que aumente la concienciación colectiva, la investigación científica y la espiritual colaborarán para aportar una cantidad ilimitada de beneficios para toda la humanidad. Una vibración superior de amor incondicional, libre de prejuicios, espera convertirse en el punto de referencia para alcanzar una mayor coherencia, armonía y cooperación entre la mente y el corazón, entre todos nosotros, y entre nosotros y todo el planeta.

Amor incondicional

A medida que vaya ascendiendo el nivel de conciencia colectiva, quedará claro que el amor es una modalidad avanzada de vida inteligente. La población no ha hecho más que rozar la superficie de la conciencia, por lo que se refiere al poder del amor y de su capacidad de crear un entorno basado en él; un entorno en el que el individuo tenga la posibilidad de transcender sus miedos y todo lo que estos conllevan, al tiempo que pueda manifestar sus dones aún por descubrir y alcance su plenitud. El amor incondicional es el siguiente nivel de vibración del amor hacia el que evoluciona la humanidad, gracias al cual desaparecerán muchas de las complicaciones y problemas típicos que actualmente se suelen desarrollar en torno a la potente energía del amor por su capacidad de transformarnos.

La cada vez mayor influencia de la abertura colectiva del corazón servirá para que se disipen los oscuros nubarrones que flotan sobre la humanidad, porque dicha abertura aporta esa oportunidad tan deseada por la humanidad de comenzar a llevarnos bien entre todos, además de permitir que florezca un renacimiento de iluminación y de mayor plenitud.

Uno de los aspectos de la misión de HeartMath consiste en colaborar con otros sistemas que también tiene por objetivo incrementar la armonía, el cariño y la compasión por todo el planeta. Son millones de personas los que participan en oraciones y meditaciones colectivas, así como en iniciativas por la compasión, para que la influencia positiva sobre nuestro planeta sea aún mayor. En mi opinión, esto no es una moda pasajera sino que acabará por convertirse en una práctica de sentido común para el bien de todos. La efectividad de dichas emanaciones de compasión aumentará a medida que aumente la coherencia de los participantes, lo cual, a su vez, eleva también el nivel vibratorio a nivel global. Justamente es esa vibración superior de nuestro espíritu la que aporta resultados positivos, mucho más que la cantidad de participantes en sí, lo cual no quita para que dicha cantidad también contribuya, sobre todo si las personas incrementan asimismo su propia coherencia personal. Cuando el corazón, la mente y las emociones resuenan entre sí con coherencia, nuestros intereses, tanto los individuales como los colectivos, se empapan cada vez más de energía espiritual y del corazón. El propósito colectivo de la Iniciativa de Coherencia Global (GCI), consiste en hacer posible que se cree dicho entorno propicio para la transformación personal, se tarde lo que se tarde. Ya hay muchas personas por todo el planeta que practican la alineación coherente para que pueda florecer todo su potencial y pueda manifestarse plenamente el espíritu de quienes realmente son.

Es hora de tomar conciencia de que está produciéndose toda una serie de movimientos positivos y transformadores en medio de la caótica transición por la que está atravesando nuestro planeta. Cada vez son más los que consideran que algunos de los asuntos más espinosos que tiene la humanidad son el resultado de viejas energías que ya no nos sirven, lo cual nos aporta la oportunidad de resetear nuestra vida. El resultado de dichos cambios a nivel de energía será que, paulatinamente, la gente despertará y reconocerá (no tan sólo intelectualmente) que podemos convertirnos en algo mucho mejor de lo que jamás hayamos considerado posible. Sin embargo, para ello, aún tenemos que avanzar a nivel individual para crear toda esa marea.

La situación actual del planeta no es como cuando uno se refugia de una tormenta en algún sitio, espera a que pase y, al terminar, sale y vuelve a lo suyo como si no hubiera pasado nada. Tenemos la pelota en nuestro tejado puesto que todos somos los que formamos este equipo del que depende el resultado. Las intensidades globales no durarán eternamente. De momento, podemos considerar que todo este caos y malestar social son como señales iluminadas que nos avisan de que ha llegado la hora de abrir el corazón, coger la caja de herramientas y de técnicas, y ponernos manos a la obra para mejorar unas cuantas cosas. Así conseguiremos transmutar el estrés y la incertidumbre globales en un impulso positivo para ponernos las pilas. Hace demasiado tiempo que el amor, la compasión, la amabilidad y la cooperación gozan de poca representación en nuestra conciencia colectiva. Tenemos que colocar todas estas cualidades transformadoras del corazón en el primer puesto de nuestra lista de prioridades para arrimar todos el hombro y forjar el mejor futuro posible para el planeta. En mi opinión, el mayor secreto para acelerar la evolución de la humanidad consiste en ser más amables y más compasivos porque todo lo demás es una consecuencia de dichos valores. Al acceder a la inteligencia natural de nuestro corazón se puede crear un campo energético de amor incondicional y de interacciones armoniosas que servirá para que la humanidad se dé cuenta de que somos una única Tierra, un único jardín, un único pueblo. El amor es lo único que puede aportar todo esto con coherencia y desarrollarse aún más.

Aunque somos muchos los que nos hemos comprometido a darle una oportunidad a la paz, es la paz la que está esperando a que demos ese primer paso responsable: es la hora de darle una oportunidad al amor –y será entonces cuando la paz venga a compartir mesa con nosotros.

RECURSOS ADICIONALES

HeartMath LLC

Contacto

Suscríbete a nuestro e-boletín *Heartfully Speaking*.
Únete a la creciente comunidad de personas que comparten tu interés por el desarrollo de los valores del corazón:
Facebook.com/HeartMath
También en Linked-In:
linkedin.com/company/heartmath-llc

Prácticas diarias

Nuestras tecnologías Inner Balance y emWave, galardonadas en distintas ocasiones, han sido diseñadas para ayudarnos a conectar con la inteligencia del corazón a un nivel más profundo. Además de resultar entretenidas, sirven para que alcances un estado más profundo y más completo de coherencia cardíaca mediante técnicas de *feedback* de ritmos cardíacos a tiempo real.

Sé un campeón de la inteligencia del corazón

Coaching y **mentores:** Nuestro equipo de *coaching* y de mentores con la titulación oficial de HeartMath está formado y autorizado para instruir el sistema de HeartMath tanto en sesiones individuales como grupales.

Intervenciones HeartMath: El Programa de Intervenciones de HeartMath está especialmente diseñado para médicos, personal de enfermería, psicólogos, terapeutas, profesionales del *counseling*, trabajadores sociales y demás profesionales de la salud que deseen aplicar las herramientas y tecnologías de HeartMath como parte de sus terapias con sus clientes o pacientes.

Formadores oficiales de HeartMath: El programa de Formadores Certificados de HeartMath® prepara a formadores y consultores independientes autorizados como instructores del programa Resilience Advantage™, especialmente diseñado para grupos y utilizado en la Marina de Estados Unidos, en hospitales y en empresas de todo el mundo incluidas en la lista Fortune 500.

Para contactar:

HeartMath.com
info@heartmath.com
P.O. Box 1463
Boulder Creek, California 95006
+1-800-450-9111
+1-831-338-8700

El HeartMath Institute

Hazte socio del HeartMath Institute (HMI)

Los socios del HeartMath Institute disfrutan de ventajas especiales como e-libros, monográficos científicos, e-música, seminarios informativos *online* exclusivos para socios, así como acceso ilimitado a una gran variedad de recursos, a tu propia página personalizada como miembro de HeartMath mediante la que te mantendremos informado y en constante formación y reciclaje para ayudarte en tu aventura del desarrollo del corazón.

Donaciones

Las donaciones voluntarias al Instituto HeartMath sirven para financiar programas innovadores de investigación sobre la variabilidad de la frecuencia cardíaca (VFC), la psicofisiología de las emociones, la comunicación mente-corazón así como los métodos de aplicación de dichas técnicas en la gestión del estrés, para incrementar el nivel de coherencia e intensificar la conexión con uno mismo y con los demás. Las investigaciones realizadas por el Instituto HeartMath (HMI, por sus siglas en inglés) permiten desarrollar programas de gran efectividad, así como sencillas técnicas para incrementar la coherencia y armonía a nivel personal, social y global. Tu generosidad sirve para mejorar la calidad de vida de niños, adultos y personas necesitadas, así como para que el HMI continúe trabajando en dos de nuestros campos de investigación más interesantes: la electrofisiología de la intuición y la interconexión de todas las cosas. El Instituto HeartMath es un «modelo 100%», lo cual significa que todas las donaciones se invierten en investigaciones y proyectos que ayudan al ser humano.

Apoyo a los proyectos educativos de HeartMath

Para poder crear un mundo y un futuro fundamentados en el corazón, es imprescindible que los niños aprendan a acceder a la sabiduría de su corazón, porque les resultará mucho más fácil tener éxito en la vida si aprenden desde muy temprano a ser conscientes de sus emociones y a gestionarlas por sí mismos. Las ciencias sociales y del comportamiento nos indican que dichas destrezas esenciales constituyen los pilares sobre los que se sustenta una buena salud mental y emocional, unas relaciones positivas y unos buenos resultados en la escuela. Las investigaciones que HeartMath lleva casi 25 años realizando se aplican ya en forma de programas y herramientas prácticas que sirven para que tanto los padres como los enseñantes y demás profesionales de la educación ayuden a los niños a desarrollar dichas destrezas y disfruten de una vida en plenitud. Las donaciones voluntarias para los proyectos educativos de HeartMath subvencionan programas y aportan recursos que les transforman la vida tanto a los alumnos como a los enseñantes y a muchos individuos que, de otra manera, jamás podrían permitírselos.

Recursos para desarrollar la inteligencia del corazón

Recursos de empoderamiento personal
Descubre la amplia colección de recursos gratuitos y material descargable de la página web de HeartMath para ampliar tus conexiones a nivel del corazón. Encontrarás, entre otras, ayudas prácticas para cuestiones de desarrollo personal, salud y plenitud en la vida.

Sondeos de niveles de estrés y bienestar
Esta herramienta científica de evaluación personal sirve para que, en cualquier momento que lo necesites, puedas determinar tu propio estado mental, emocional y del corazón, en tu propio hogar, en el trabajo y con respecto a tus finanzas y a tus relaciones con los demás. Sirve para medir tus niveles de gestión del estrés, adaptabilidad, resiliencia y vitalidad emocional. Dicha evaluación analiza los datos referentes a cinco aspectos del bienestar y te ofrece recomendaciones al respecto.

Recursos para padres con coherencia cardíaca
Visita nuestra sección dirigida a los padres. En ella encontrarás muchos artículos que tratan una gran variedad de temas, ideas y he-

rramientas para las personas que tienen niños a su cargo, así como herramientas de autoayuda que te permitan atender a tus propias necesidades con el fin de que puedas ocuparte mejor de las de tus hijos.

Contacta con el Instituto HeartMath
Únete a la comunidad de Facebook.com/InstituteofHeartMath.

También en Linked-In:
linkedin.com/company/institute-of-heartmath.
Visita nuestro blog.

HeartMath.org
info@heartmath.org
P.O. Box 1463
Boulder Creek, California 95006
+1-800-450-9111
+1-831-338-8700

Acerca de los autores

Doc Childre

Fundador, presidente y codirector ejecutivo de HeartMath

Además de ser el fundador de Heart-Math, Doc es una autoridad mundial en la optimización de la eficacia y el rendimiento personal. Asimismo, ejerce de consultor para toda una variedad de importantes empresarios, científicos y personal docente y del mundo del arte. Es el padre del HeartMath® System, un conjunto de herramientas y tecnologías prácticas basadas en el corazón que cualquiera puede utilizar para combatir el estrés, mejorar el rendimiento y gozar de buena salud y bienestar general. Es el presidente y codirector ejecutivo de Heart-Math, Inc., así como presidente de la Junta Científica Consultiva del Instituto HeartMath y del comité de dirección de Global Coherence Initiative.

Deborah Rozman, Ph. D.
Presidenta y codirectora de HeartMath Inc.

Deborah tiene más de cuarenta años de experiencia como empresaria, emprendedora, psicóloga, escritora y formadora. Es miembro del HeartMath desde que éste fue concebido y ha supervisado su crecimiento. En colaboración con Doc Childre, ha escrito la serie de escritos sobre transformación publicada por New Harbinger: *Transforming Stress, Transforming Anger, Transforming Anxiety and Transforming Depression*. Asimismo, es una de las principales personalidades de HeartMath, de la inteligencia del corazón, de la gestión del estrés en tiempos de cambios y de cómo vivir desde el corazón

Howard Martin
Vicepresidente ejecutivo de HeartMath LLC.

Howard cuenta con más de treinta años de experiencia en el mundo del desarrollo tanto personal como empresarial. Asimismo, participa en los programas de HeartMath desde sus inicios. Junto con Doc Childre, es autor de *The HeartMath Solution*, publicado en el año 2000 por Harper San Francisco. Howard es uno de los principales representantes de HeartMath, concede más de 75 entrevistas al año e imparte conferencias por todo el mundo sobre las técnicas de HeartMath para mejorar el rendimiento humano, la coherencia global y la inteligencia del corazón.

Rollin McCraty, Ph.D.

Vicepresidente ejecutivo y director del departamento de investigación de HeartMath Institute

Rollin forma parte del equipo de HeartMath desde su creación en 1991. Es psicofisiólogo y catedrático de la Universidad Atlantic de Florida. Es un profuso escritor que cuenta con numerosas publicaciones en distintos ámbitos científicos. También es miembro de numerosas organizaciones, entre las que destacan la American Autonomic Society, la Pavlovian Society, la National Association for Psychological Science, la Association for Applied Psychophysiology and Biofeedback y la Society for Scientific Exploration. Asimismo, es director de investigación y coordinador del proyecto Global Coherence Monitoring System.

ÍNDICE